メロンの作業便利帳

品種・作型の生かし方と高品質安定栽培のポイント

瀬古龍雄

農文協

まえがき

メロンといってもさまざまな品種があります。このすべてについて特性をよく認識して作業を行なうのは大変なことです。またメロンは、何年栽培しても自分で満足のいく栽培はなかなかできないものです。本書では、おいしいメロンをつくるにはどうしたらよいか、品種、作型・作期、個々の栽培技術について、眼のつけどころ、失敗しやすいところ、勘違いしやすいところに焦点をあてて解説し、読者の虎の巻になるように試みました。

また、主な品種について、果実や生育の特徴、導入するときの注意点を一覧表に整理しています。この表は、私の経験も含めてつくりましたので独断もあるかと思いますが、品種選びやつくりこなす目安として役立てていただけるはずです。なお、本書では「温室メロン」と「マクワ型メロン」を除外し、今もっとも栽培が多い、地床でも栽培可能な「アールス系メロン」、ハウスや一部トンネルでも栽培可能なネット系、ノーネット系の「ハウスメロン」に限定してとりあげました。

筆者は昭和三十四（一九五九）年にメロンの栽培試験を開始し、翌年から新品種育成を始めています。昭和六十（一九八五）年に新潟県園芸試験場を退職し、いったんメロンの試験は中断しましたが、平成三（一九九一）年から再びメロンの新品種育成を開始しました。メロンと仲よくなってから、まもなく半世紀になろうとしています。この間につかんださまざまなノウハウをぜひ読者の皆さんにお伝えしたいと思い、この本を執筆しました。

筆者に最初に栽培技術を伝授してくれたのは農家の方です。また、多くのメロン研究者の業績も参考にさせていただきました。さらに、執筆の機会を与えてくださった農文協編集部にも感謝を申し上げます。

二〇〇一年、新世紀にこの本の執筆を開始できたことを望外の喜びとしています。

二〇〇二年二月

瀬古龍雄

目次

第2章 栽培管理の実際

第3章 収穫・出荷とメロンの日持ち

第1章

栽培技術の基本

1、メロン栽培の特徴とねらい

(1) ポイントになる栽培上のねらい

★収量と品質―両方ねらいは可能

　以前、メロンは品質中心で収穫量は二の次であったが、最近は品質・収量ともに優れた栽培を理想とする産地が増加してきた。品質・収量ともにねらえるということは、最近の品種改良が大きく貢献している。

　メロン栽培は通常「多収と品質」は両立しないものである。しかし、昭和三十年代には果実の糖度は一三度もあれば十分といわれたが、最近は一七～一八度クラスで、食味も最高という品種も出現している。このような品種で、あるていど多収穫をねらっても、糖度が一四～一五度にとどまり食味も伴っていれば、消費者は納得してくれるだろう。しかし、メロン栽培の基本はあくまで安定した品質で、それに育種の成果と栽培技術で収量をどこまで伸ばせるかが今後の課題ではある。

　また、栽植密度を上げたり、着果数を多くしたりして、無理に収量を上げるつくり方をすると、草勢が衰えて気象災害を受けやすくなることも肝に命じておくべきである。

★注意してほしい果実の大きさ

　メロンという植物の果実は、同一品種でも低温期に栽培すると小形になり、高温期に栽培すると大形になる。

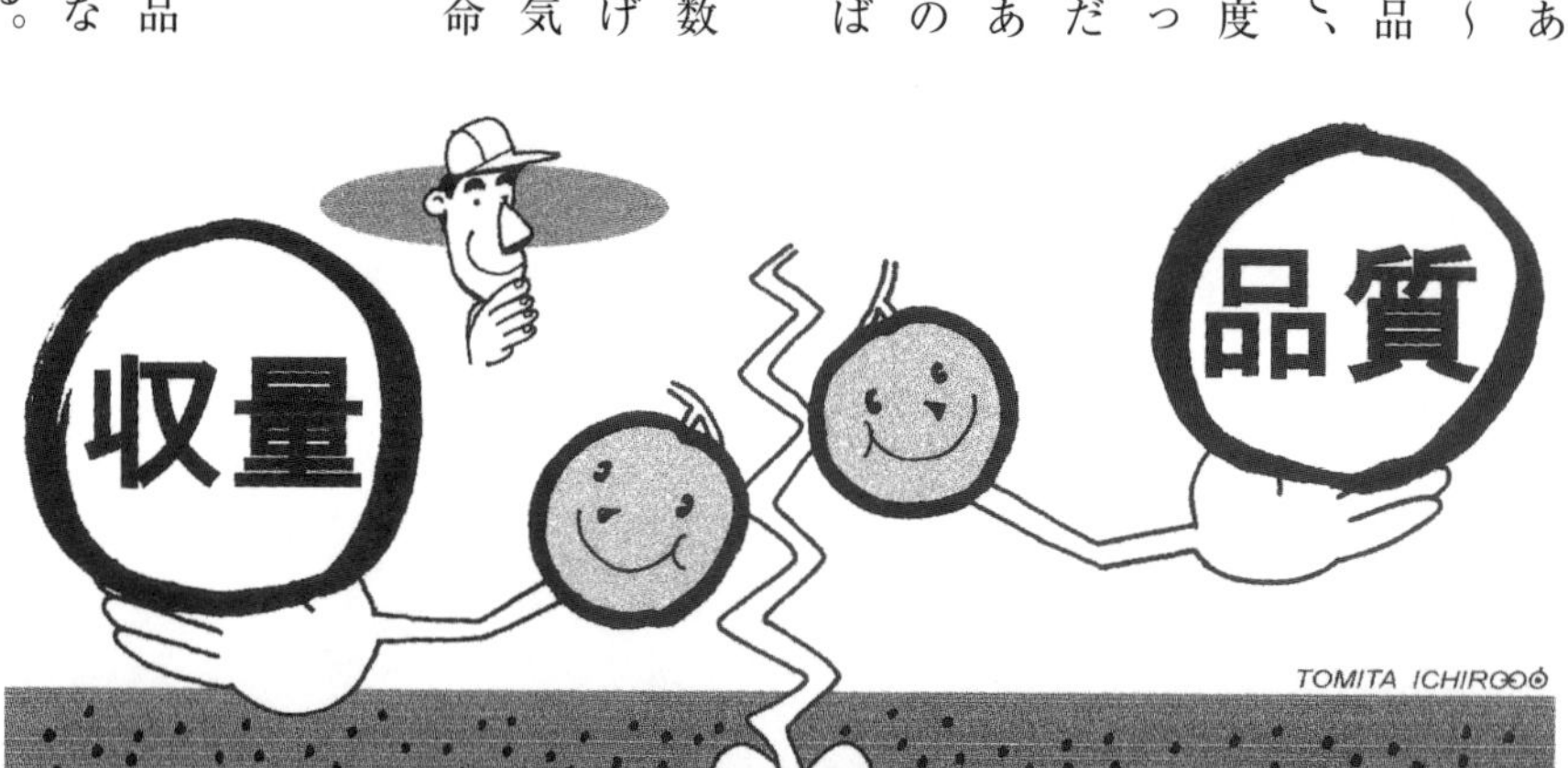

収量と品質は両立する

直売であれば少々の果実の大きさのちがいは問題になることはないが、市場出荷では一・〇～一・七キロ程度におさまらないと、大きすぎても小さすぎても取引価格が不利になることが多い。しかも、一年中同じ大きさのものを望んでいる。

　歴史の古い温室メロンの栽培は、大正末期に輸入した「アールス・フェボリット」種は単一種であったが、現在では春・夏・秋・冬の各系で十数種類の系統に分化している。この理由は商品として、周年ほぼ同一の大きさの果実を出荷できるように、季節の気象条件にあった系統を育成してきたことによる。

　歴史の短い日本のハウスメロンの場合は、まだ同一品種名でのそれぞれの季節に対応する品種育成や栽培技術が確立されていないので、早期出荷では小さすぎ、高温期栽培では大きすぎることが多い。たとえば、「アンデス」では、二～三月まき、六～七月どりが標準の作期だが、低温期の栽培では小果になるので、低温肥大性があるとされるがかなり性質の異なる系統を「アンデス二号」「ＨＮ二二」として栽培している。しかも、肥大ホルモンを使用して市場の要望に対応しようとしてきたが、最近の大果系品種の出現で事情はかなり変わろうとしている。

　果実の大きさについては、市場出荷では大きさをそろえることが必要であろうが、直売では大きさにとらわれず、品質で顧客をつかむというように、経営の目標によって考え方をかえるべきときにきている。

★糖度を高めるためには……

　メロンの食味を決定づける要因の一つは糖度である。糖度を高めるためには、次の事項に注意する必要がある。

①糖の発現のよい品種を採用する

　ハウスメロン三〇年の歴史のなかで、初期は一二～一三度ていどであったが、育種の力で、現在では一五～一七度クラスの品種も増加している。

②適温下で栽培する

　高温下でも糖発現のよい品種も存在するが、とくに古典的な品種ほど、平均気温二五℃を上回り、三〇℃以上の高温になると糖発現が極端に低下する。

③開花期の日射量の確保

　地域の気象条件を考えて、とくに開花期に日射量を確保できる作型・作期を選ぶ。ハウスは南北棟とし、日射を効率的に取り込める方向とするなど、施設の形態や方向を工夫したり、被覆資材も光線透過性のよいものを使用する。

④適正な栽植密度

　栽培方法や仕立て方にあった適正な

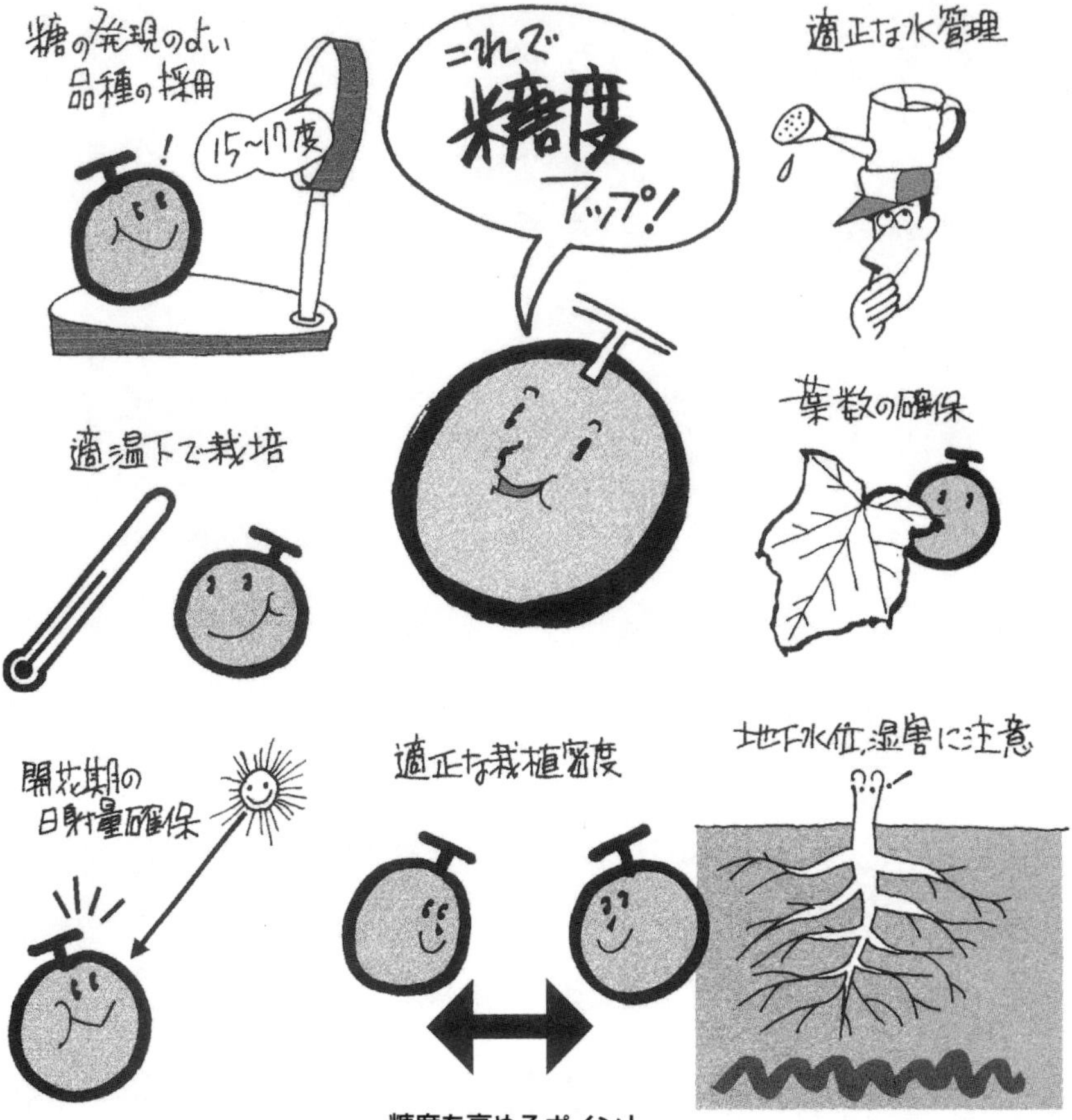

糖度を高めるポイント

栽植密度を守り、無理な密植を避ける。

⑤地下水位、湿害に注意し
健全な根を育てる

経験的な知識ではあるが、地下水位は六〇センチより高くしない。健全な根を確保するためで、根が弱ると連日の降雨後の急激な晴天で株の萎凋が起こり、とくに糖度の上昇期に遭遇すると、糖発現が悪くなる。これらはとくに水田転作で注意する必要があるが、天候による糖度上昇期の株の萎凋は品種によって差が大きい。

⑥葉数の確保

整枝法、誘引法を適正化することによって、有効葉数を確保し、確保した葉の健全化をはかることができる。無理な着果数の増加は考えず、立ち栽培では着果位置より上に少なくても一〇葉、地這い栽培では着果位置の上下を合わせて一果当たり一〇葉の確保が必要で、しかも病害虫の被害にあわせないこと。

⑦適正な水管理

灌水の水量に注意する。とくに糖度上昇期から、収穫期の水切りといわれている時期の水管理に注意。

(2) どんな育て方をしたらよいか

★草勢は強すぎても弱すぎても問題

メロンの草勢は、強すぎても弱すぎても本来の望ましい生育ではない。

過度の強草勢は、①品種本来の性質、②施肥の過多、③灌水量の過多、④極端な施設内の蒸し込み、⑤整枝の遅れなどで起こる。この場合、栄養生長がまさり、雌花の着生が思うようにいかなかったり、雌花が着生しても座止（開花に至らない、第1－1図）、退化（開花しても果実が着生しない）することが多い。また着生した果実が大きくなりすぎたりすることもある。そして、最終的には糖度も上がりにくい。

一方、過度の弱草勢は、①品種本来の性質、②施肥の不足、③灌水量の不足、④極端な施設内の乾燥、⑤とくに一時的な過度の強整枝によって起こる。この場合、雌花はよく着生し、着果もよいが、果実の肥大に問題が出てくる。

第１－１図　強草勢，品種特性などにより起こる開花に至らない座止花

以上のように、草勢の強弱は品種本来の生育特性によるほか、管理の仕方によって左右されるものである。以下、なかでも影響の大きい水分環境、品種の生育特性と生育の関係、および生育のよしあしを判断する着眼点を見てみよう。

★大切な根の水分環境

地下水位が高いと、ネットの発現が不良になりやすく、また収穫前の糖度上昇期に水切りが思うようにできないので、低糖度になりやすい。地下水位が六〇～一〇〇センチていどのところではノーネットの品種を選択するのが無難である。水位が六〇センチより上にあがると糖発現も不良となり、栽培不適地と断定せざるを得ない。このような場所では強制排水か、立ち仕立てでの隔離床（揚げ床）栽培をおすすめしたい。

全国の代表的なメロン産地を見ると、茨城県はほとんどが関東ローム層の上に立地しており、排水不良の場所は数少なく、灌水装置も完備している。熊本県では、高台はほとんどスイカ栽培であり、メロン主要産地である菊池平野では台地上の栽培もあるが、むしろ水田転作のほうが多い。北海道の産地は黒ボクの火山灰土壌もあれば、河川沖積の砂壌土から洪積性の重粘土のところまで千差万別である。山形県庄内地方は、ほとんど海岸の砂丘地である。

こう見ると、メロン栽培は、砂土、重粘土でも腐植物質が十分施されており、灌水、排水の設備が完備していれば良品生産は可能である。

いずれにしろ、メロン栽培は灌水装置がある乾燥地で、地下水位も低く、先にもふれたように地下水が六〇センチより上がらない場所が条件になろう。果実の硬化期（開花後一〇～一二日くらいの時期で果実が硬くなり、その後ひび割れてネットを生じるようになる）に地下水位が高すぎて土壌が乾燥しないところでは、果実が硬くならず十分なネットを生じないことがある。また、地下水位が高いと、収穫一五日前から開始する水切り作業をしても地下の水分は減少せず、糖度が十分上がらないメロンを収穫せざるを得ないことがある。筆者の体験では適地栽培で当然一五～一六度にはなるはずの「プリンス」メロンが、栽培上はほかに欠陥がなくても一二～一三度どまりになってしまったという苦い経験がある。

熊本県八代の海岸干拓地のように人工的にポンプ排水をはかっているような地帯では、ノーネットメロンのほうが安定している。台湾の水田転作のメロン栽培を見たが、水面から六〇センチもの高畦をつくって栽培していた。土壌湿度が高すぎると大変な苦労がいるものだが、このハンディを乗り越えて良品収穫を目指す栽培はまことに見事なものであった。

★耐寒性と耐暑性

従来のメロンの栽培書に記載されている栽培適温は生育には一五℃以上を必要とし、適温は一五～三〇℃の範囲といわれている（『野菜園芸大事典』）。しかし、最近は育種の進歩で、低温に耐える品種も続々出現している。茨城県で四重被覆、水封マルチと保温の限界をいく栽培が行なわれているが、平成十二年から十三年にかけての冬、二回の積雪、連日の氷点下の気温、たびかさなる降霜にも耐えて十一月まき十二～一月定植メロンの無加温栽培に成功している。また、一二℃が限界といわれた開花・開やくの最低温度も一〇℃でも開やくする品種も出現している。

一方、高温耐性では糖度上昇期に三三～三五℃の高温が連続しても株も丈夫で、平均糖度も一五～一六度に達する品種も出現（次項）している。

平成十二年から十三年にかけての冬、茨城県で実験したことだが、低温伸長性があり低温期でもつるのよく伸びる品種が必ずしも低温に強いとはいえず寒害を受けた。葉色濃く「ズングリムックリ」型のような品種が低温に強かった。また、この夏、低温に強い品種が高温にも強いことを確認した。おそらく、細胞膜の厚さ、細胞液の濃度が影響しているものと考えられるが、低温伸長性のある品種がかえって低温に弱いことも確認された。

★品種によって生育はこんなにちがう

前項について、いくつかの品種での具体例を見てみよう。

茨城県での例では、タキイ種苗育成の「オトメ」は、つるの低温伸長性、低温での開花・開やく性もすぐれ、果実の低温肥大性もあるとされているが、平成十一年は実に見事な生育をとげたものの、平成十二～十三年の冬はかなり寒さの被害を受けている。また、高温期の栽培では葉柄の垂下・萎凋も見られ（第1－2図）、果実の軟化がやや早く、糖の上昇も高温下ではものたりなかった。

第1－2図　耐暑性に問題がある品種では夏の暑さでしおれないまでも葉を裏返して垂れ下がる

一方、住化農業資材育成の「ベールグラン二号」は、「オトメ」に比較してつるの低温伸長性が鈍く、開やく温度は二℃ていど高かったが、低温耐性はもっとも高かった。果実の肥大は最終的にはほぼ同一であったが、初期肥大は「オトメ」のほうが優れていた。高温耐性は確実に「ベールグラン二号」のほうが優れていた。

サカタのタネ育成の「アンデス五号」は、開花は晩生で、果実の大きさも前二者よりやや劣ったが、低温耐性はかなりあり、高温耐性も十分確認され、糖の上昇も優れていた。

　このように同一目的で栽培される品種でも、生育の特性はかなりの差がある。これが、栽培目的がちがう品種では大きな差となる。北海道の代表品種である「夕張キング」などは、適温では糖度が一四度に達するが、高温には弱く、北海道中央部でも真夏日が連続した平成六年には、糖度が一〇度にならない果実が続出した。また、これとは逆にスペインメロンを台湾で馴化したと考えられる、黄皮系のネットメロンの血を引く品種（「味の香」「エリカ」など）は、三〇℃を超す高温下で糖度が平均一五～一六度、最高一八度にも達することが明らかになった。

★生育のよしあしの見方

　品種のちがいや作期・作型により、外観から見た生育の様子はかなりの差があり、生長点、葉の形、葉色、節間長から生育診断することはかなり困難である。常識的な判断だが、多くの品種に共通していえることをあげてみよう。

①生長点

　生長点から一番近く開花している雄花が二〇センチくらいの距離しかなく、節間がかなり短く黄色みを帯び、キュウリのカンザシ苗のように生長点がうすく、寸づまりになって花が群れをなしているような状態では、大果の収穫は望めない。原因は、老化苗の定植、定植後の低温、肥料不足、灌水不足による乾燥が原因である。少なくとも生育盛期の主枝では、生長点から雄花の開花節位まで最低四〇センチはほしい。

②葉の形

　メロンはキュウリと異なり、葉に切れ込みがあるのがふつうであるが、切れ込みの深さは品種・作期によってかなりちがいがある。

　一般に、幼苗期は丸形で、生長につれて切れ込みが出てくるが、同一品種では低温環境、生殖生長型、水分不足の状態で切れ込みが深くなる。逆に、丸形の切れ込みの少ない葉になるときは、同一品種では高温環境、栄養生長型、水分過多の状態であることが多い。また、同一品種のふつうの生育状態であれば、つるがもっともよく伸びるときに切れ込みが深くなりやすい。

　切れ込みが入り葉面積を減らすということは、一種のメロンの自己防衛で、「オトメ」のように低温時に切れ込みが十分入るような品種のほうが、低温成長性が高いように見受けられる。

③葉　色

　品種によってかなりの差がある。スペインメロン系の黄皮系は葉色が淡く、アールス系とくに夏系で葉色の濃いものが多い。同一品種では当然ながら栄養状態がよいものは葉色が濃く、逆に栄養状態が不良では葉色は淡い。

　メロンでは、連続収穫のキュウリほど葉色の濃さは要求されないが、初期にあまり濃すぎると着果不良、後期まで濃すぎると、糖発現不良ということになりやすい。しかし、かなり葉色が濃いと思っていても、糖の上昇期に急速に色がさめるのがふつうである。また、果実から直接付着している葉は、糖の上昇につれて急速に葉脈を残して退色し、多くの場合、成熟期の目安になる。

　また、ダニの被害によっても葉色は急激にマダラ状に退色するので注意を要する。

④節間長

　これも品種による差がもっとも大きい。フランスの「キャンタルーペンシス（ロックメロン）」といわれる品種群（古くはフレーム栽培が行なわれていた）は、節間が短いかわりに側枝の伸長はかなり長くなる。品種群によるちがいは、一般には温室メロンタイプ、立ち仕立て専用タイプで節間が短く、露地メロンタイプ、地這い専用タイプで長くなるのがふつうである。施設栽

①「オトメ」タイプ
（成葉になるとかなり深い切れ込みが入る）

②「ベールグラン２号」タイプ
（「オトメ」ほどではないが，ほどほどに切れ込みが入る）

③軟弱徒長タイプ
（葉柄は長く，成葉の切れ込みが少ない）

第１－３図　葉の切れ込みのタイプ

培用の品種は長い間の馴化からか、節間の短いものが多く、アメリカの露地メロンのように広い平原で地這い栽培されていた品種は、節間が長い。

また、同一の品種群のなかでも個々の品種によって差は大きい。節間の長いアメリカの露地メロンも、日本の温室メロンも同じ「レティクラトゥース」という仲間なのに、節間長は大きく異なっている。

同一品種では、節間長が長ければ、高温・多湿の環境、逆に短ければ低温・乾燥の環境のためといえる。また、株の着果負担が大きすぎると、とくに糖度上昇期に株の生長が鈍化して節間が短くなることがある。

2、おもな品種の選び方

(1) おもな品種と特徴

今もっとも栽培が多く、地床でも栽培可能な「アールス系メロン」と、ハウスや一部トンネルでも栽培可能なネット系、ノーネット系の「ハウスメロン」に限定してとりあげる。

現在流通している主要品種と注目の新品種を第1－1表にまとめた（おもな品種の栽培特性につ

第1－4図　アールス・フェボリット

第1－5図　アールスナイト（アールス系メロン）

第１－１表　全国に流通している主要品種と注目の新品種

品種の分類		品種の名称
ハウス・トンネル栽培の緑肉系ネットメロン	普通栽培用	「アンデス」「アムス」「タカミ」「デリシイ」「キスミー１号」「市場小路」「HN27」「グリーンヒル」
	暖地促成用	「HN21」「ローランL」「アンデス２号」「アンデス５号(SK$_6$-177)」「オトメ」「ベールグラン２号」
	北海道用	「キングナイン」「G08」「G31」「改良クルーガ」
ハウス・トンネル栽培の赤肉系ネットメロン	府県用	「クインシー」「夏のクインシー」
	北海道・府県兼用	「ルピアレッド」「サンデーレッド（北紅クイーン）」
	暖地施設用	「パリス各系」「ティファニー328」
	北海道用	「夕張キング」「札幌キング」「I－Kメロン」「エルシー２号」「キングルビー各系」「R113」「R113U」
アールス系メロン 外観が「アールス・フェボリット」そっくりで，耐病性（つる割病抵抗性，うどんこ病耐病性）の品種群を利用した地床のハウス栽培。各品種とも作期によって異なる系統がある		「サンデー」「アールスセイヌ」「雅（みやび）」「アールスナイト」「クレスト」「アールステムズ」「栄華」「アールスモネ」「『クリオ』『ベネチア』各系」「アイソフィ」「あきみどり」，赤肉「妃（きさき）」各系
完熟黄皮系ネットメロン		「ユウカ」（黄褐色果皮）「緑の妖精」「エリカ」「味の香」「イエローワン」
大型ノーネットメロン	マクワウリの血が入っていないもの	「ラジャー」「カントリー」「ホームランスター」「ビレンス」
	マクワウリの血が入っているもの	「パパイヤ」「アリス」「クレオパトラ」
中小型のノーネットメロン	マクワウリの血が入っているもの	「プリンス各系」「エリザベス各系」「しらゆき」「キンショー」「シーボルト」「アスコトL」「ルナ」

いては、巻末付録を参照）。

★地床でも栽培可能なアールス系メロン

　高級メロンの「アールス・フェボリット」種を簡単につくりたいということから育種された品種群である。メロンは本来、地下水の影響を受けない隔離床（ベッド、ベンチ）栽培をしたほうが甘味も出やすく、灌水方法に誤りがなければ、地床より糖発現も高く品質もよいものが収穫できる。

　しかし、最近の品種改良で、地床でも本来の温室メロンに負けないような外観と品質の「アールス系メロン」も出現するようになった。しかし、外観・食味が「アールス・フェボリット」そのものに近づけば近づくほど栽培は難しいようである。

　また、地下水位の高いところでは人工制御を行なわないかぎり、地床栽培では優れた「アールス系メロン」を収穫することは絶対にできないことを十分認識しておく必要がある。

★ハウス、トンネルでも栽培可能なネットメロン

おもにハウスで栽培されるが、適地を選び適品種を使用すればトンネル栽培も可能である。食生活が多様化してきた昭和三十年代中期（一九六〇年ころ）にこの系統のメロンが誕生した。当初は病気や気象環境にも弱く、糖の発現も低く、日持ちもわるい品種が多かったが、しだいに栽培しやすい品種が増え、食味も温室メロンに負けないような品種も出現するようになった。

とくにネット系メロンでは、肉色も当初の白色から緑色、赤色も現われ、バラエティーに富むようになった。品種としては初期の「ライフ」「新芳露」の時代から「サンライズ」「コサック」と耐病性を重視するようになり、ついで安定生産の立場から、気象環境に強い「ふかみどり」「アンデス」「アムス」の育成で、つくりやすさが加わってきた。

最近は、低温下でも大果になるよう

①アンデス

②アムス

第１－６図　緑肉系ネットメロン

第１－７図　赤肉系ネットメロン（夕張メロン）

な品種や、食べ頃が長続きするような品種、高温でも糖度が高くなるような品種など、今までのメロンの弱点がしだいに克服されてきた。

★新しいタイプの黄皮完熟ネットメロン

このタイプのメロンは、平成二年（一九九〇年）に発表された「ユウカ」に始まる。「ユウカ」の完熟色は黄褐色だが、最近は淡黄色の品種が多い。完熟してから収穫しても日持ちがよく、高温期でも高糖度になりやすい。完熟して三～五日くらいでサクサクの歯ざわりになるが、食味は良好である。それをすぎると、しだいにメルティング質になり、夏季でも七～一〇日以上日持ちする。

特性は品種によって若干のちがいがあるが、共通していることは、台湾産でスペイン系の改良と考えられる黄白色の果皮のネットメロンを直接または間接に育種に利用していることである。黄皮ということはアールス系のイメージとは程遠いが、食べておいしいメロンとして今後の発展が予想される。

★洋種系のノーネットメロン

マクワウリの血の入ったものでは、古くからの「プリンス」「キンショー」「ルナ」「しらゆき」「パパイヤ」などが知られ、栽培面積を伸ばしてきたが、食味は物足りないものを感じてきた。しかし、食味のよい純洋種系の品種は裂果するものが多く、なかなか安定し

①アリス

②キンショー

③パパイヤ

第1－8図　ノーネットメロン

たものが少なかった。元祖の「アイボリー」を始めとして、「ラジャー」「アリス」（中国系マクワウリの血が若干入っている）などが知られていたが、「ホームランスター」「ビレンス」の出現で栽培面積を伸ばしてきた。ノーネットメロンに多かった裂果しやすい性質も、品種改良でしだいに克服されてきた。

(2) どんな品種を選んだらよいか

日本のメロンは、実にさまざまな品種が存在する。メロン栽培の入り口は優れた品種を選択することにある。

メロンの品種の選び方は、地域、土地基盤、季節、経営などの各要素を十分考えることが肝要であり、栽培したい品種の諸特性が、栽培する場所の諸条件によく合致しているかどうか十分検討する必要がある。メロンは、台湾、沖縄から北海道まで適地条件をもっている。しかし、その栽培地域に適しているかどうかは、以下のいろいろな条件を考えなくてはならない。

★経営的にみた品種選択

自分の出荷したい時期に、ちょうど商品性のある果実（果重・品質・外観）が収穫できるもので、その地域で栽培が多く、できるだけ全国流通している品種が無難である。

産地では、新品種をまったく試作しないで導入することは、すでに近傍の有力産地で成績をあげている品種は別として、一般には行なわれていない。したがって、少なくても一～二年は試作を行ない、特性を納得してから導入したほうが無難である。

高温期でも甘味の発現が衰えず、黄化が完熟の指標で、完全黄化後食べ頃が高温期でも一週間以上も続くネットメロンの品種が現われてきた。しかし、従来の市場の習慣では、黄化してしまえば日持ちは終わりという観念が抜け切らず、業者の中には取り扱い経験がないことから、このような品種を喜ばない傾向もある。いくら品質がよくても売れなくてはどうにもならない。

新しいタイプのメロンを導入することは、流通業者の十分な理解がないと簡単には成り立たない。しかし、熊本県七城町のメロンドーム（一一二ページ参照）のような直売場での販売では、生産者と消費者が相対で売られるので、中身が確実においしければ、外観にとらわれず十分流通している。この点、市場出荷と直売とでは、とくに新品種の評価に大きな差が出ることがある。

また、アールス系を選ぶか、ハウスメロンのネット系を選ぶか、同じハウ

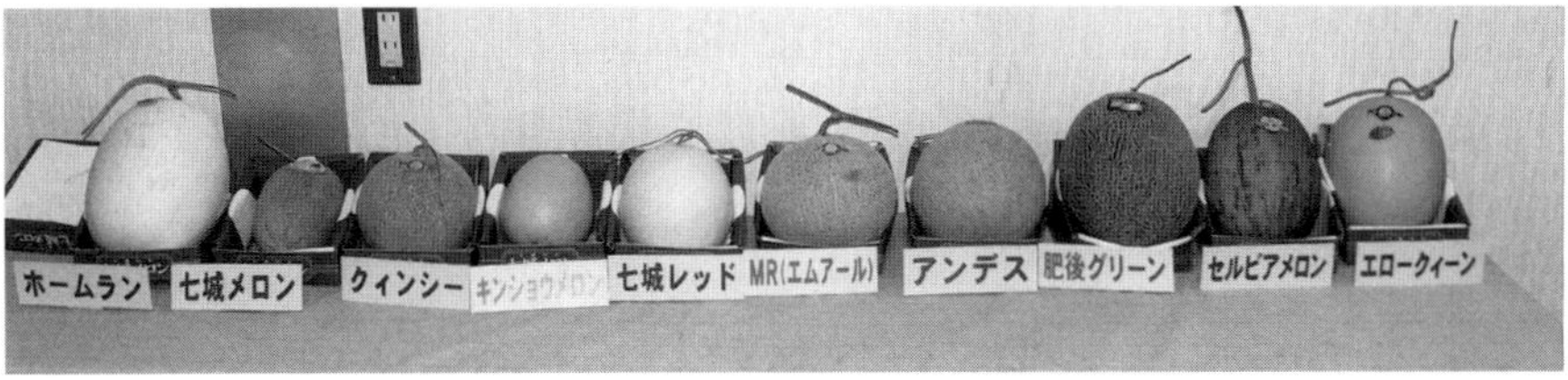

直売場ではいろいろな品種を用意したほうが有利に販売できる

第1－9図　熊本県七城町のメロンドームで売られている多様な品種

スメロンのノーネット系を選ぶかは、土地基盤や自己のメロン栽培の習熟度にもよるが、重要なことはメロンは集約的な作目なので、自己の経営労力がメロン以外の作物と競合しないかどうかも見極めることが必要である。

すでに自分を取り巻く環境が、大規模なメロン栽培地帯である場合は、品種選択や栽培手段は、従来の仲間の手法を踏襲すればよいわけで、大きな苦労はない。しかし、新たな産地を起こす場合は、近隣産地をよく調査・観察することはもちろんだが、自分たちの地域の気象や土地基盤的環境のなかで、どのような品種を栽培したらよいかの判定は、やはり有識者の指導を受けるのが一番である。

★作期による品種選択

同一品種のメロンでも栽培時期によって果重は大きく異なるものである。現在の流通事情では、作付けする季節に作物として適応するかどうかよりも、商品として適当な果重になるかならないかのほうが、品種選択の条件としては重要である。

アールス系品種や北海道の赤肉品種を除き、現在ではハウスメロンの価格はやや低迷気味なので、加温しても経営的に採算のとれるもの、特別な銘柄品種、指定値で出荷できるものを除いては、保温のみの無加温で栽培できることも品種選択の一つの条件となる。

多くの産地では、メロンの果重は季節によって大きく変わることを十分承知して栽培されているが、新品種導入のとき促成栽培でどこまで玉伸びするか、抑制栽培では大果になりすぎないかは大きな問題となる。やはり、現在のハウスメロンは一つの品種で全作期をカバーするのは困難といえる。

アールス系メロンも「早春晩秋系」

とか「盛夏系」というような表現で、適作期を指示しているが、系統によって果重ばかりでなく、その他の栽培特性がかなり異なる品種もあるので十分注意が必要である。

　暖地では、超促成栽培や播種期の遅い抑制栽培をするところでは、加温栽培も行なわれるが、十一月以降の播種や秋作で八月までの播種では、無加温がふつうである。しかし、暖地でも無加温となると、低温肥大性のよい品種でないと、出荷規格に合う大きさにはなかなかならない。

　逆に、四月下旬から六月中旬までの高温期に栽培する品種は、果実が大きくなりすぎて困ることがある。

　このように、作期による品種選択も大変重要なことになる。そこで、次に果実重量の問題を検討したい。

★果重による品種選択

　メロンは作期によって果実の大きさが異なってくるので、その地方・時期により商品性のある果重にして出荷することが求められる。

　アールス系メロンは、品種名のほかに○○系を名乗っているものが大部分である。これは栽培時期（低温期、高温期）の栽培特性、とくに一年中果重を一・二～一・七キロていどに保つために、栽培時期ごとに最適の系統を選択できるようにしてあるためである。

　ハウスメロンは同一品種での系統分化が進んでいないので、低温期にちょうどよい果重の品種は高温期には大きすぎ、逆に高温期にちょうどよい品種は低温期には小玉にすぎることになる。低温生長性が良好ということで北海道に導入された「ルピアレッド」は、高温期の栽培では大果になりすぎたり、糖発現がわるくなるなどの性質があるため、ものたりない点があり、各地で問題を起こしている。また、低温期に肥大性が劣る「アンデス」は、かなり特性の異なる系統に「アンデス三号」とか「五号」の名称を付加して「アンデス」の銘柄で通そうとしている。

　府県では、ハウスメロンはだいたい温室メロンと同程度の大きさが多いが、「アンデス」はやや小形の規格、ノーネットの「ホームランスター」や「ビレンス」はやや大形の規格である。早期出荷は○・九～一・三キロの間、高温期出荷は一・二～一・七キロの間におさまる品種が無難である。北海道ではやや大形が喜ばれ、一・四～二・○キロくらいでの取引が多い（第1－10図）。

★果肉色による選択、緑肉か赤肉か白肉か?

赤肉の品種がだいぶ増えてきたが、まだまだ作型ごとの品種の選択は十分とはいえない。しかし、最近急速に優れた品種が育成されるようになったので、その情報は十分キャッチしておく必要がある。以前、ハウスメロンといえば緑肉が常識になっていたが、平成五～六年ころ赤肉ブームということで、赤肉品種の栽培熱が盛り上がった。

第１－10図　北海道では8kg箱４個玉で１果が2kgとなる

当時から赤肉が多かった北海道で、「夕張キング」を全国的に宣伝していた時代でもあり、急速に新品種が出現した。アメリカのキャンタロープといわれる品種群は、ほとんどが赤肉であり、育種素材は豊富と思われた。ところが、アメリカの赤肉種は糖度の低いものが多く、また日持ち性も十分でなく、直接には育種に使用しにくく、当時多数発表された品種は必ずしも優れたものばかりではなかった。

そのため、北海道では「ルピアレッド」ほか数品種、府県では「クインシー」「パリス各系」以外に大面積で栽培されているものは少なく、赤肉ブームは一頓挫といった状態である。しかし、最近はかなり優れた品種も出始めたので、栽培者は各地の動向に注意して品種の選択を行なうべきである。また、最近の黄皮系の品種には緑肉のほかに白肉の品種もあり、白肉の動向にも注目したい。

★不良気象環境に強い品種を選ぶ

気象環境適応性とは、低温伸長性、低温・高温耐性、耐湿害性、高温期糖発現良好などの諸特性をまとめたものである。これらの特性のなかでもっとも重要なものの一つに耐湿害性、つまり根の強さがある。栽培環境、とくに土つくりで根を強くすることもあるが、ここでは遺伝的な特性のことである。梅雨期の長雨後の急激な日照りや、トンネル栽培で連日の雨降り後急に晴天になり、湿害で弱っている根からの水分供給が追いつかず、地上部が昼間萎凋し、ついには回復しないで枯死する。このような現象は株にもっとも負担がかかる果実の糖度上昇期に起こりやすいが、品種による根張りの差が大きく影響している。なかには、とくに湿害を受けなくても、葉数不足、強整枝などで萎凋現象につながることがある。糖度が完全に上昇するまで根が健全で株の弱らない特性をもつ品種を選択することが望ましい。また、いろいろな生育障害が出にくい品種を選ぶようにする。

多くの品種のなかで、特性表に「適地ではトンネル栽培も可能」と記載されているような品種は、比較的不良気象環境にも強いものが多い。

★病害抵抗性品種を選ぶ

現在は北海道地区を除き、つる割病抵抗性、うどんこ病耐病性品種の採用は常識のようになっている。

つる割病については、府県で栽培されている品種はレース0、2に抵抗性である。抵抗性の遺伝子は優性であり、遺伝にはメンデルの法則がよく適用できるので、抵抗性の表現ははっきりしていて、育種素材の片親に抵抗性があればかならず抵抗性が現われる。強力な新レース1・2Yは北海道と高知県に発生しているが、抵抗性の実用品種はまだ少ない。ただし、台木は、滝川市の北海道花き野菜研究センターで育成されている。同センターで育種された「ドウダイ二号（空知台二号）」は従来のレース0、2と新レース1・2Yに抵抗性である。

うどんこ病については、従来うどんこ病に強いと考えられていた品種も、近年かなり罹病するようになったので、注意が必要である。完全抵抗性の実用品種はなく、耐病性といわれているものでも、春に発病が少なくても秋には発病することが多いし、品種によってかなりひどい被害から軽い被害まで段階的に存在する。品種選択の際、うどんこ病の耐病性をうたっていても注意しなければならない。旧農林水産省野菜茶業試験場がつる割病、うどんこ病、べと病、つる枯病、ＣＭＶ（キュウリモザイクウイルス）の五病害抵抗性品種を育種素材として発表したが、果肉が発酵しやすい形質を持ったため、民間育種にはほとんど利用されていない。

3、作型の選択と導入のポイント

(1) 作型の種類

第1－11図にハウスメロンの主要な作型を示した。促成栽培、半促成栽培、早熟栽培、普通栽培、抑制栽培を大きく区分しているが、実際は連続的なもので、とくに区切りはない。しかし、

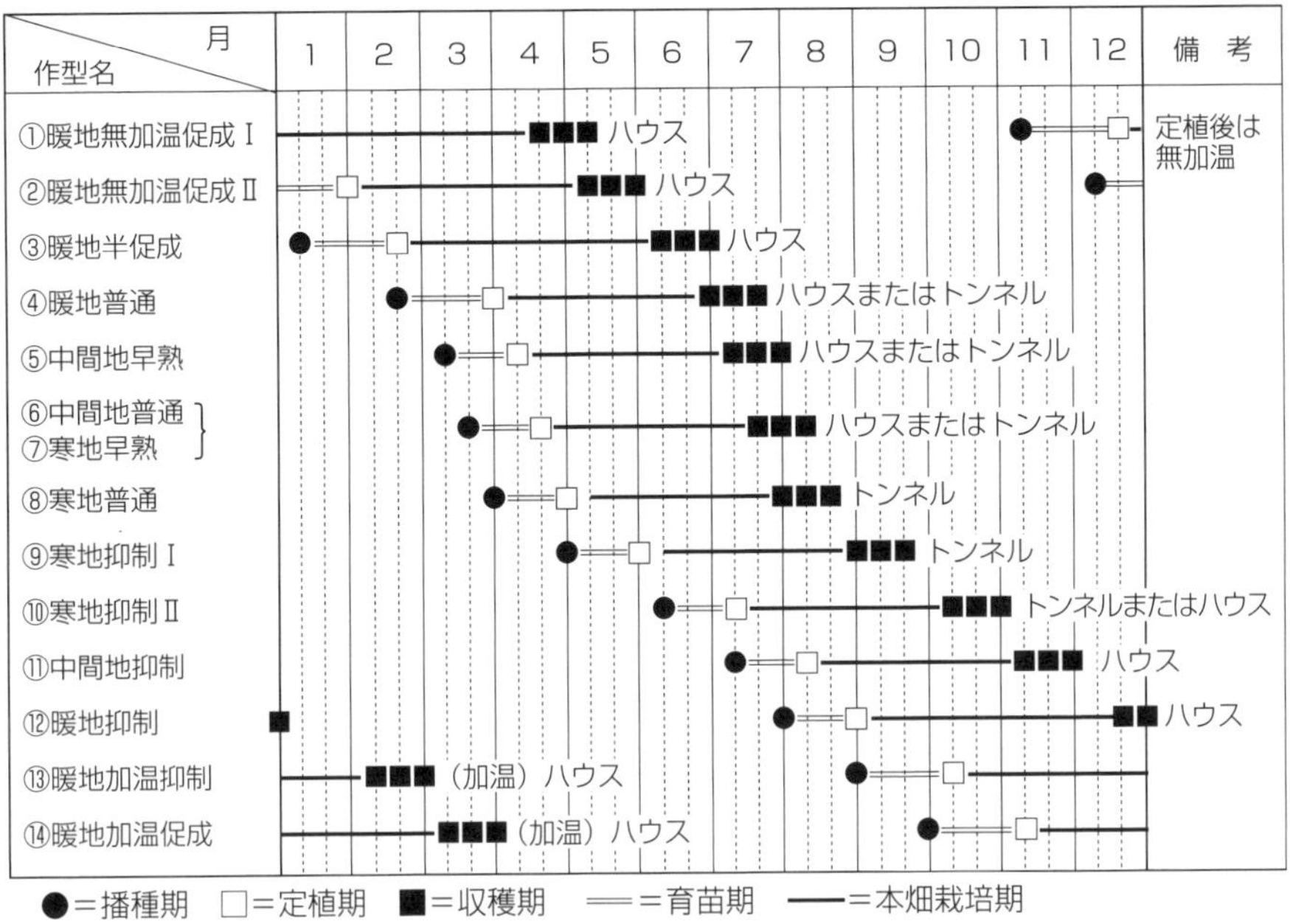

第1－11図　ハウスメロンのおもな作型

促成栽培には加温と無加温があり、続いて半促成栽培につながっている。この図に見られるように、全国を視野に入れれば、一年をとおしてどこかで栽培が行なわれ、メロンの周年供給が成り立っている。

トンネル栽培は適地で適品種を利用した栽培に限定される。かなり適地である茨城県でも、トンネル栽培は梅雨期の雨と日照不足のため不安定なところがあり、大幅に減少した。しかし、比較的気象の安定している北海道や、山形県、新潟県などの梅雨の遅い、雨量の少ない海岸砂丘地にはまだかなりの面積のトンネル栽培が見られる。また、中間地と寒地の抑制栽培は新潟県の砂丘地のように、CMV（キュウリモザイクウイルス）を伝播するアブラムシが少ないところでは、「秋みどり」（商品名「ソレイユ」）のトンネル栽培も見られるが、面積はわずかである。

青森県など夏季冷涼地帯で、一部マクワ型ノーネットメロンの無被覆露地栽培が見られるが、面積は多くない。

なお、第1－11図はハウスメロンの主要な作型として作成したものだが、アールス系メロンにも通用する。アールス系品種は、全作型で各系統別に主としてビニールハウスで栽培が行なわれている（トンネルはほとんど見られない）。ただし、夏は保温ではなく、一部サイドに寒冷紗を張った雨除けと

第１－２表　主要作型と適応品種（アールス系メロンを除くハウスメロンの主要産地を示した）

作型名	ハウスネットメロン（緑肉）	主要栽培地帯	ハウスネットメロン（赤肉）	主要栽培地帯	ノーネットメロン	主要栽培地帯
①暖地無加温促成Ⅰ	シグナス アンデス２号 HN21	熊本				
	オトメ HN21 ローランL	茨城				
②暖地無加温促成Ⅱ	アンデス 肥後グリーン	熊本			ホームランスター プリンス	熊本
	ベールグラン２号 オトメ HN21 アンデス５号	茨城			パパイヤ	鹿児島 宮崎
					シーボルト グラバー	
③暖地半促成	アムス タカミ アンデス	千葉	パリス春１	宮崎 熊本	プリンス パパイヤ	熊本
	アムス タカミ	島根 鳥取	クインシー	茨城 他各地	クレオパトラ エリザベス	鳥取
④暖地普通	タカミ ペルル	鳥取	ルピアレッド	茨城	シーボルト グラバー	熊本
	マルセイユ アンデス	福井 石川			ホームランスター	岡山
	ルイス ボーナス２号 市場小路	京都	夏のクインシー	茨城		
⑤中間地早熟	アンデス ローランL	山形				
	アンデス 市場小路 タカミ	新潟				
⑥中間地普通	アムス グレース	秋田				
	アンデス グレース	山形	夏のクインシー	山形		
	HN27 キスミー１号	新潟				
	アムス	秋田				
⑦寒地早熟	タカミ デリシィ	青森		北海道	アスコット ビレンス	青森

作型名	ハウスネットメロン（緑肉）	主要栽培地帯	ハウスネットメロン（赤肉）	主要栽培地帯	ノーネットメロン	主要栽培地帯
⑦寒地早熟	キングメルテー G08 G31 改良クルーガ	北海道	夕張キング春系 札幌キングHR ルピアレッド	北海道		
⑧寒地普通	デリシィ FRアムス タカミ ユウカ	青森	エルシー２号	青森	アスコット ビレンス ホームランスター	青森
	G08 G31 改良クルーガ キングナイン	北海道	夕張キング春系 札幌キングHR ルピアレッド キングルビー各系 I-Kメロン エルシー２号	北海道	北海甘露	北海道
⑨寒地抑制Ⅰ	G08	北海道	R113 キングルビー各系 エルシー２号	北海道		
⑩寒地抑制Ⅱ			R113 キングルビー各系	北海道		
⑪中間地抑制	アムス	千葉				
⑫暖地無加温抑制			パリス秋１	熊本		
⑬暖地加温抑制			パリス秋２	熊本		
⑭暖地加温促成	シグナス アンデス２号 HN21	熊本				

注．アールス系メロン品種は，「ナイト」「雅」「セイヌ」「クレスト」の各系が主で，抑制栽培の作期はおもに，熊本・宮崎・長崎・高知・茨城の暖地各県，愛知・福井・石川・神奈川等の各県は春秋両季に栽培されている。アールス系メロンはその他全国に産地が点在している

虫除け栽培である。アールス系メロンの播種期を第1－12図に示す。

ノーネット系品種も、洋種メロンの血が濃いものは第1－11図で大きな誤りはないが、マクワウリの血が強いものは、若干早生化する傾向がある。

(2) 作型と品種の関係

★品種による作型の選択

一般にメロンの果実は、府県では同一品種でも四、五月まきでとくに大果となり、十、十一月まきではとくに小果になる。これはすべてのメロンの品種に共通していえることである。

アールス系メロンは温室メロンほどではないが、同一名称の品種でも、季節により大きさの異なった系統を用意して周年供給に対応しようとしている。

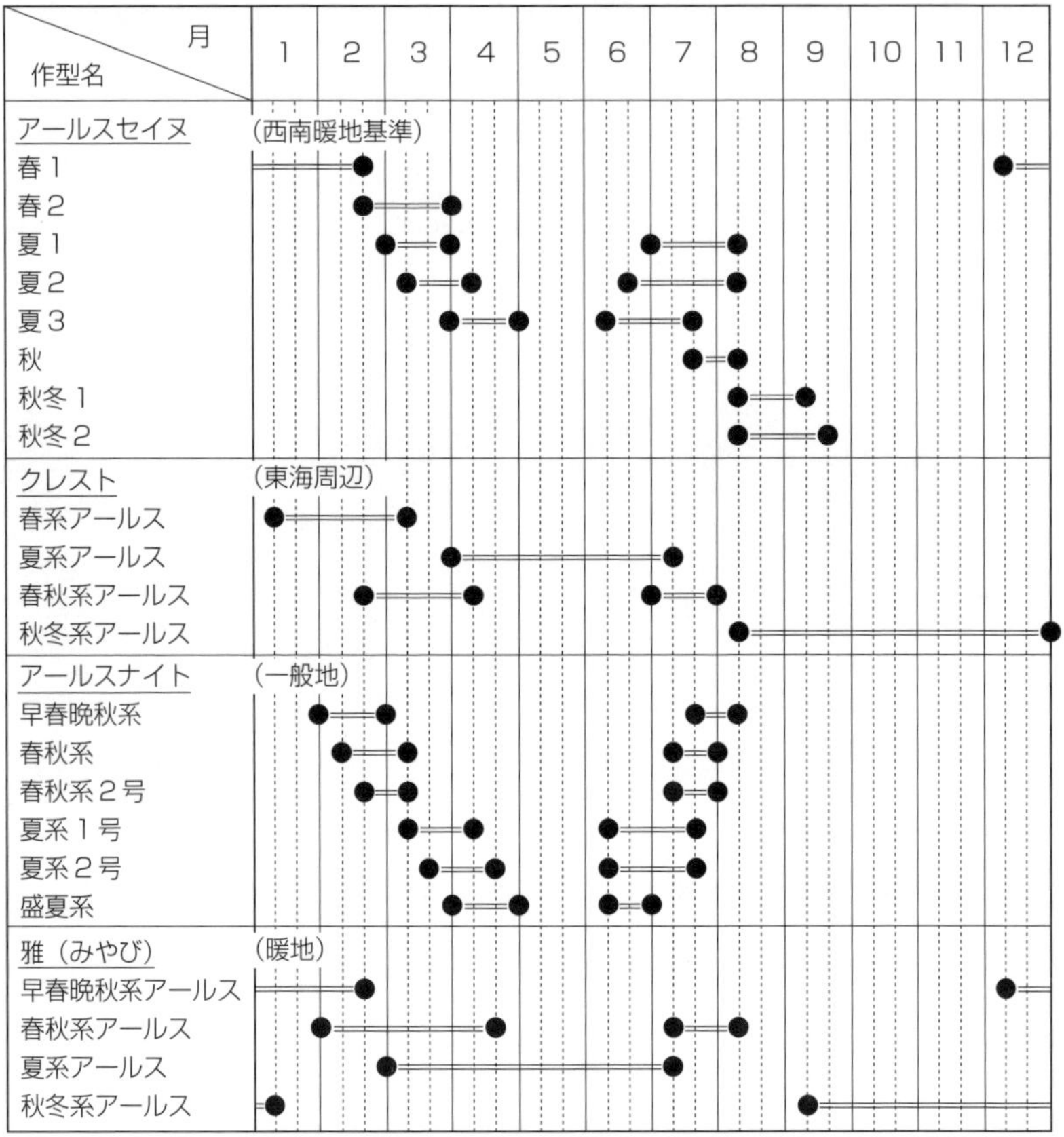

第1－12図　アールス系メロンの播種期

しかし、ハウスメロン品種はそうした対応ができないため、暖地促成から寒地普通の栽培には使用されているが、抑制栽培での利用は少ない。とくに代表的品種の「アンデス」は、抑制栽培で変形やネット不良の問題点があり、まったく使用されていない。このためか、抑制栽培は「アムス」などの栽培が一部に見られるだけで、最近はほとんどがアールス系品種に占められている。ほとんどの府県ではハウスメロンとしてとりあげている品種は三月まきまでの使用で、果実が大きくなりすぎる抑制栽培への採用はかなり少ない。北海道では抑制栽培に北海道用の多くの品種が採用されているが、播種期は気象条件から六月までである。

　また、くり返すようだが、メロンは一年中いつ出荷しても、市場ではほぼ同じ大きさのメロンの出荷が要求されている。府県でのハウスメロンはほとんど三月まきまでの作型に導入されている。しかし、半促成の無加温栽培では十一、十二月まきで、小果に終わりやすい時期に大果になりやすい品種を導入して、ちょうどよい大きさに仕上げようとしている。このための適品種の模索は今でも続いている。このようにメロンの果重は同一品種でも季節によって大きく異なっているのに、市場では一年中ほぼ同じ大きさの果重を要求しているところに大きな問題がある。

アールス系メロンとハウスメロンはほぼ温室メロンと同様の大きさが要求されているが、ノーネットの洋種系メロンは、「ハネデュー」の大きさが大きいためか、前三品種群より大果が要求され、マクワ系の露地メロンは「プリンス」に始まるということで、より小果が要求されることが多い。

なお、先に述べたように、抑制栽培はほとんどアールス系メロンの独壇場になってしまったが、これは従来ハウスメロンといわれた品種群は、春作適応として育種されたものが多く、四～六月まきすると果形が崩れ、不恰好な大果になったり、ネットが不良になったりして適応しないものが多かったためである。したがって、最近の傾向として、「アンデス」などの果梗を切断して出荷するハウスメロンは、晩秋まきから春まきに限られ、夏秋まきの抑制栽培はほとんどアールス系メロンに限られるようになったのである。

★経営内の作型や品種の組み合わせ

茨城県での早期出荷の作型では、そのままつるを伸ばして二番果の収穫を行なう例が多い。二番果は無理をしないで着果数を少なめにして品質の向上に努力している。耐暑性のない早まき専用種は二番果の収穫は無理である。

また、同一経営内では「アンデス」系の品種を順次播種期を遅らせて栽培し、労力分散をはかっている農家が多い。大面積経営のメロン農家では、ほとんどこの形態を実行している。やや遅まきでは「クインシー」「夏のクインシー」の栽培も見られる。秋作は、抑制トマト栽培や、ハウス土壌の地力維持のため青刈作物栽培がほとんどで、一部にアールス系メロンの栽培も見られるものの、その面積はわずかである。

一般にどこの産地でも、連作障害防止のためか、同一圃場でのメロン→メロンの作付けは非常に少ない。北海道は暖房しないかぎり、メロン→メロンは気象の関係で不可能であるが、スイカ→メロンの作付けは見受けられる。

メロン栽培農家は、手が抜けない栽培管理の労力をよく理解していて、無理な増反や多くの品種の導入にはかなり慎重である。

(3) 資材・機器の発達、品種改良で変わる適地

★立地条件を活かした従来からの産地

メロン栽培の立地を決定づけるのは、その地方の気象環境と土壌条件、水管理条件などである。従来の栽培が多い地帯を見ると、温室メロンでは静岡・千葉・愛知・山梨・岡山県のように温暖、かつ周年日照が多い土地（時期）に栽培が発達した。また、露地メロン（ハウスメロン）系では夏季高温になりすぎず、日照が多く、梅雨が遅く、水はけがよい地帯に普及している。北海道・日本海沿岸の砂丘地帯（秋田・山形・新潟・福井・鳥取・島根などの各県）がその例である。

しかし、いずれの産地も高品質の果実を出荷するための努力は怠っていない。古い産地はその地域での適作型を活用して産地化し、早出しの産地はどのように経費をかけないで早期出荷ができるか、また保温のみで大果にできる品種の模索、旧盆需要期に出荷する産地では高温や大雨に対応できる品種の検討が行なわれている。

★不良条件を克服してできた産地

熊本、長崎、茨城、高知などの県では、栽培資材の発達で多少の悪天候は克服しながら産地ができあがった。つまり、被覆資材や栽培用機器（灌水装置、地下水排除機器、吊り下げ道具、栽培用補助器具など）が発達してからは、多少の降雨・水はけなどの不良条件が克服できるようになり産地が発達したのである。とくに熊本・茨城県は露地メロン（ハウスメロン）系の主産地になり、熊本・宮崎・長崎は冬季温暖で加温がわずかで済むか、不要であることからアールス系メロンの栽培がかなり多い。

温暖（暑すぎない）、多日照、少雨、成熟期の日温度較差が大きいに越したことはないが、品種改良と被覆資材・栽培機器の発達で不良気象条件は克服されつつある。適当な時期を選べば日本国中メロンをつくれないところはないといえよう。しかし、良質のメロンをとるためには、作期のほかにその土地のもともとの気象条件が大きく関与することは否めない。

★続けられている適地の幅を広げる努力

すでに述べた熊本県八代干拓地の地下水人工制御、台湾の水田で六〇センチ高畦のメロン栽培、茨城県の冬季四重被覆の無加温保温栽培、十分な日照

なのに、よりそれを利用しようとした静岡でのスリークォーター温室のメロン栽培、高温期でも糖度が一五～一六度を確保できる品種の改良など、従来の不可能を可能にする努力は、以前から行なわれ、今でも続いている。これらの努力は適地の幅の拡大に大きく貢献していくはずである。

4、栽培方式と施設

(1) アールス系メロンの施設

昔からの温室メロンは、スリークォーター温室といって第1－13図のような施設で栽培されている。この施設は、太陽光線の恵みを施設内のメロン全部にいきわたらせるように、北側ほど段を高くしてある。栽培床もベンチ、ベッドの隔離床が用いられる（第1－14図）。このような施設での栽培は、現在では「アールス・フェボリット」種そのものの栽培でしか見られない。

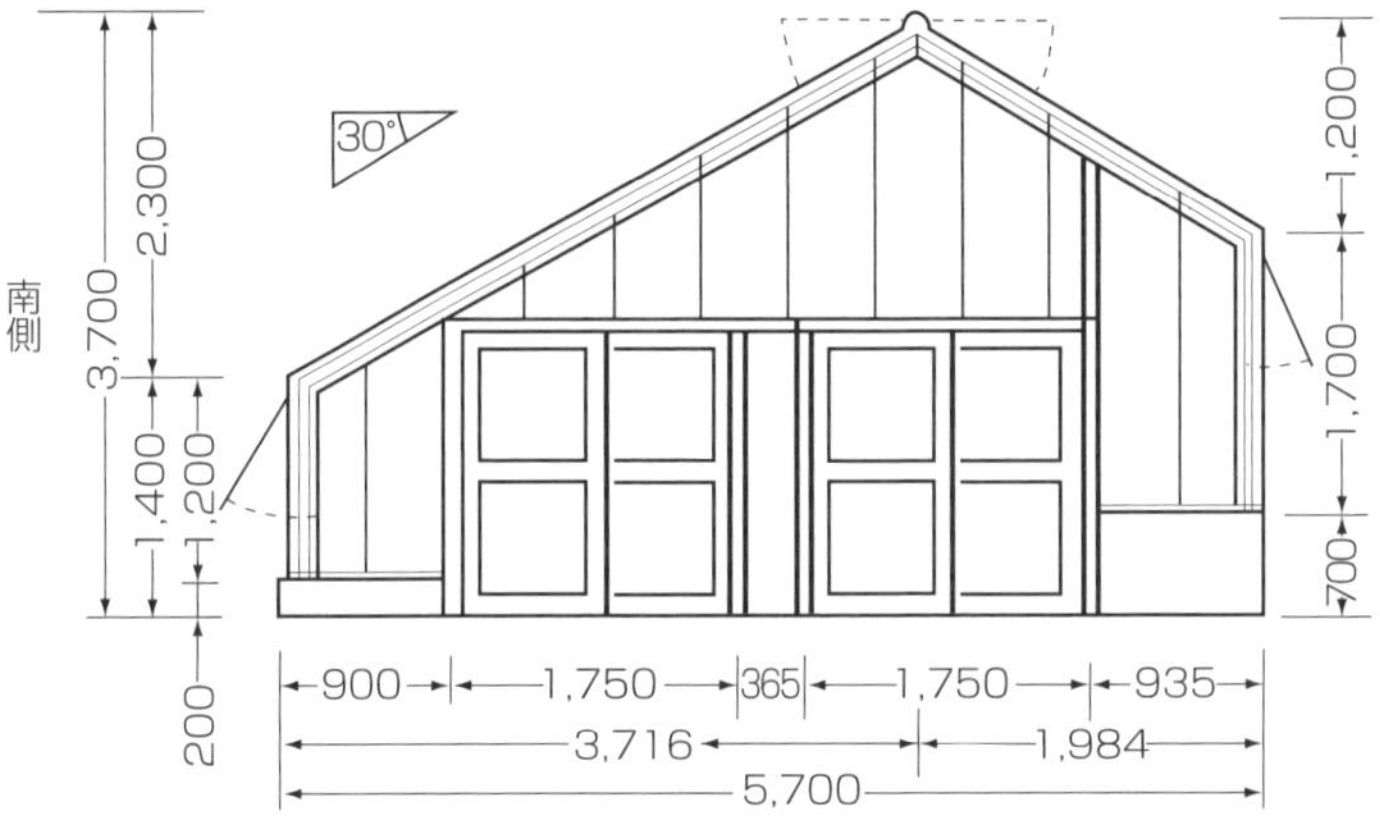

第1－13図　スリークォーター温室（正面図）
（神谷園一原図）

アールス系メロンは、「アールス・フェボリット」種より栽培を簡素化できるように育種された品種群であるから、より簡単な施設、つまり普通ガラス室（温室）やビニールハウスでも栽培可能な特性をもっている。

施設としては、補助事業で建設された加温設備を持ったガラス室を始めとして、東日本地区では軒高の高い単棟または連棟の鉄骨ビニールハウスが多いが、西日本地区では軒高が低く、つる下げをして着果位置より上の葉数を確保しようとしているものが多い。

太陽が南中したときは施設の全株に太陽光線が当たるように、きちんとした南北棟に建設することが望ましいが、地形の関係でそうはいかないところも多いようである。「温室メロン」銘柄で出荷するのだから、施設もある程度金をかけて立派にする必要がある。

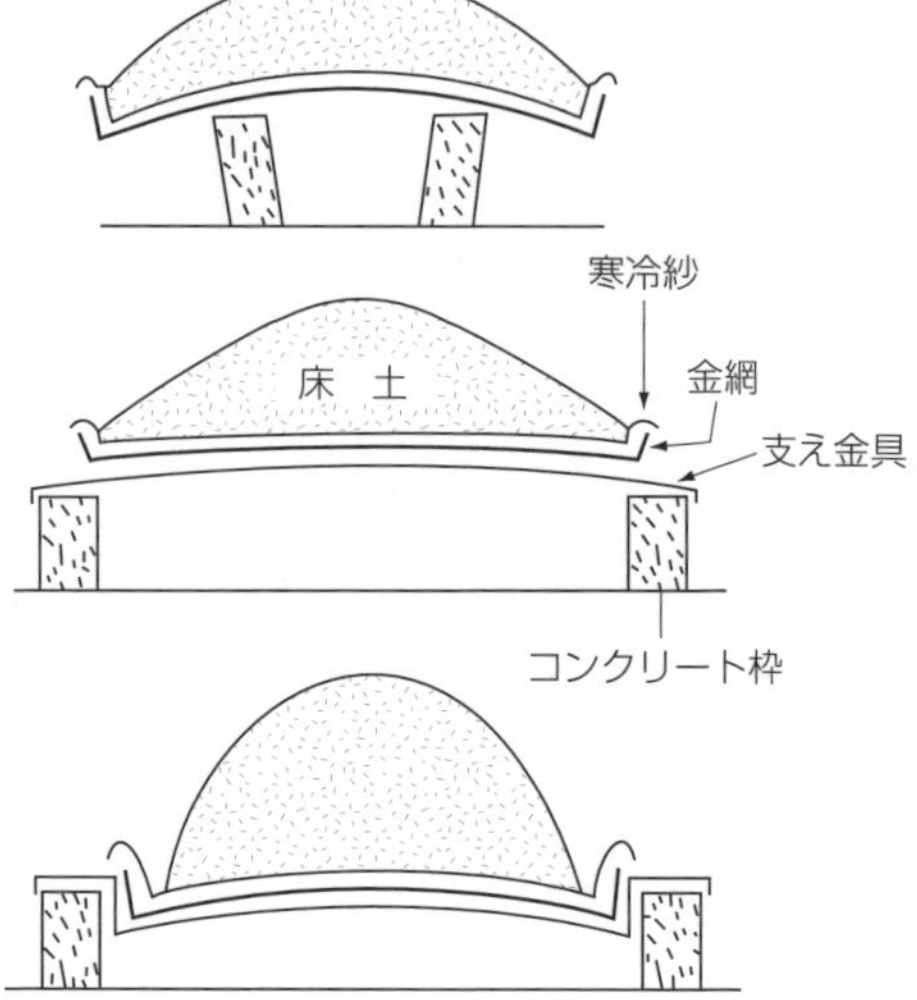

第１－14図　温室メロン用のベンチ（金網床）
（神谷園一原図）

(2) ハウスメロンの施設

★立ち栽培の施設

立ち栽培は、果実の汚れが少ないことから、準高級品をねらう栽培で行なわれている。現在の市場価格では、温室メロン、アールス系メロンや「夕張キング」など早期出荷で多くの利益が得られる品種でないと、加温栽培では採算がとりにくくなっているからである。

また、立ち栽培は、あるていど軒が高いハウスでないと栽培困難である。軒の高いハウスはどうしても建設費が高くつく。しかも、促成栽培の保温、加温は地這い栽培のほうが楽である。

第１－15図　単棟鉄骨ハウス（立ち栽培）

そのような理由でハウスメロンは保温栽培でとどまっており、暖地の一部を除き、無加温ビニールハウスの地這い栽培が主流になっている。メーカーが指定した栽培でないかぎり、立ち栽培はあまり見られない。

立ち栽培のハウスは、従来は簡易鉄

骨ハウスが多かったが、最近のメロン価格の低迷は資材にも影響があり、鉄骨ハウスは建設費が高いことから、新しいハウスは太めのパイプハウスが主流になっている。また、天井やサイドの被覆材料は硬質プラスチックもあるが、ビニールが主流である。

第1－16図　連棟軽量鉄骨＋パイプハウス

★地這い栽培の施設

茨城県では「アンデス」およびその類似品種の栽培が多く、すべてといってよいくらい無加温の地這い、子づる二本の栽培である。地這い栽培は、トンネルを大型にしたような、ベトコンと呼ばれているハウスでも栽培は可能である。このハウスは、入り口も特別になく、天井も低い。しかし同じ無加温の地這い栽培でも、早期出荷を目指して四重被覆をするような施設は軒高も十分あり、パイプハウスでも頑丈なものが多い。また、鉄骨ハウスも見られる。

第1－17図　大型パイプハウス（しっかりした入り口がある）

施設の屋根は、最近ビニペットなどで張りやすくなったビニール被覆が多い。時には硬質プラスチックも見られる。十一月中・下旬播種、十二月下旬から一月中旬にかけての最も早い作型では、ハウスの中に内張りカーテンを張り、メロンは二列植えで、各列に二重にトンネルをかけ、二重トンネルの外掛け・内掛けとも昼間晴天時は取り去ることが多い。夜間や曇雨天日は計四重被覆ということになる（第1－18、19図）。早期栽培の施設では必ず水封マルチを入れ（第1－20図）、昼間の太陽熱を吸収させて夜間放出させ

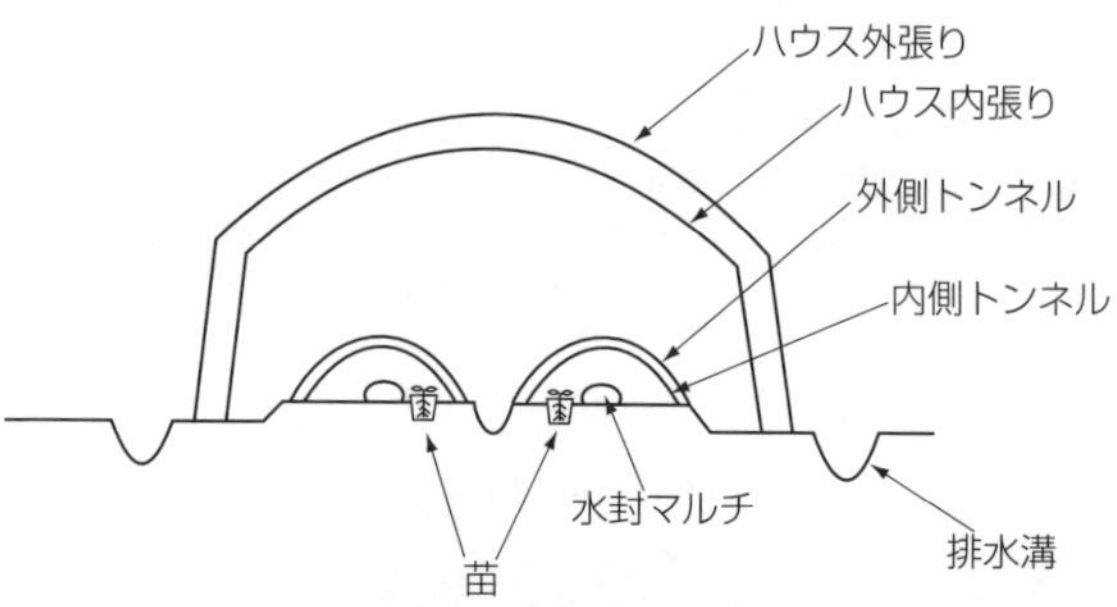

第1－18図　無加温促成の四重被覆と水封マルチ

るようにしている。

(3) 隔離床（揚げ床）栽培のすすめ

アールス系メロンやネットメロンでは、灌水を完全に制御できる隔離床

中のトンネルの二重被覆は被覆物を取り去ったあと

第1－19図　四重被覆の内部

（揚げ床）のほうが、糖分の上昇管理が地床よりはるかに楽である。栽培不適地でも隔離床（揚げ床）を設置することにより良品出荷が可能である。

トマト栽培では最近甘いトマト（フルーツトマト）をつくるために、隔離床栽培が普及してきているが、メロン

第1－20図　株の両側に張ってある水封マルチ

では本来揚げ床で栽培されていたのに、「地床でも栽培可能なアールス」というふれこみで、アールス系メロンの地床栽培が盛んになった経緯がある。これはトマトとは逆な傾向である。

隔離床には「テンシオメーター」（土壌水分張力計）の設置と、灌水管理の習熟が必要である。とくに地下水が高く排水不良の場所で、糖が十分乗

った甘いメロンをつくるには、絶対に必要で大いにおすすめしたい。また、最近は防根シートの普及で、地床栽培でも水管理が以前よりはるかに楽になった。

簡易揚げ床、隔離床のつくり方を第1－21図に示した。地這い栽培でも装置を工夫すればできないことはないが、通常は立ち栽培の使用に限られる。

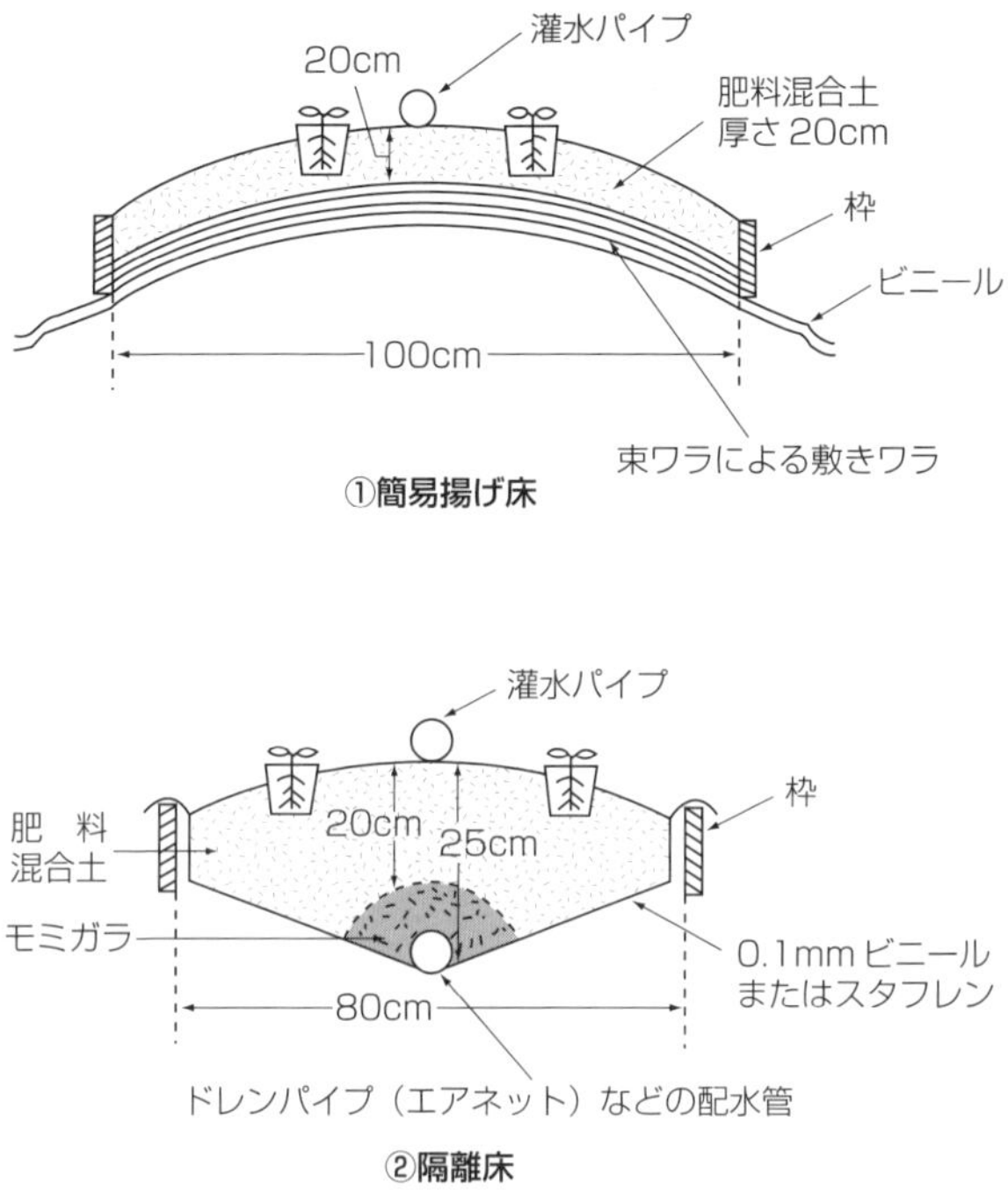

第1－21図　揚げ床と隔離床の構造

(4) トンネル栽培の適地と施設

トンネル栽培は降水量が少ないこと、地下水位が高くないことなどの適地でないと良品が収穫できず、品種も不良気象環境に強い品種でないと栽培しにくい。トンネル栽培でも多くのネット系、ノーネット系のハウスメロンは収穫できるが、適地条件を十分考慮する必要がある。

現在トンネル栽培が行なわれているのは、北海道各地、東北（青森・秋田・山形・新潟などの各県）・北陸・山陰の日本海側の海岸砂丘地、山形県

第1－22図　トンネル栽培

村山地方・新潟県魚沼地方などの内陸盆地、鳥取県大山山麓などの黒ボク地帯などだが、栽培品種はどうしても丈夫なものに限定される。

かなり降雨が続いてその後急に晴天になった場合、根の弱い品種では萎凋障害がはなはだしい。このような品種はトンネル栽培に不向きである。排水がよい土地、梅雨が遅くて降水量が多くない土地で根の丈夫な品種を選択して、はじめてトンネル栽培が成り立つ。茨城県の「アンデス」は以前トンネル栽培が多かったが、作柄が不安定だったためか、現在ではほとんど見られない。また、中間地帯のメロン栽培適地では、トンネルの二重被覆も行なわれ、内張りには長繊維不織布が利用されている。定植後活着までと、その後は夜間寒いときの保温が主となる。長繊維不織布は「パスライト」と「パオパオ90」の利用度が高い。

大型化したトンネルは、ベトコンハウスに近いものになる。

5、仕立て方と整枝の基本

ハウスメロンは本来、立ち栽培が原則だが、前述したように、ハウスの建設に費用がかかることや、保温・加温が地這い栽培のほうが容易であることなどから、現在は温室メロン、アールス系メロンの一部で行なわれているのみで、一般のハウスメロンはほとんど地這い栽培である。

ここでは、それぞれの仕立て方と整枝の基本、生育の特徴をおさえておこう。

(1) 立ち栽培

★アールス系メロンの場合

①仕立て方と着果位置

立ち栽培は一株一果着果が原則である。温室メロン栽培に準じた整枝が原則であるから、一つる二果着果は考えないほうがよい。

着果位置は、果実の大きさ（果重）、果形とネット発現に大きな影響を与える。着果節位が高いほど大果になる。果形は節位が低いと扁平果、高いと縦長果になる。ネットは節位が低いほど密で盛り上がりがよく、高節位ではネットは粗く盛り上がりもものたりなくなる。

最適着果位置は、その品種の育種メーカーの指示によるが、一一～一四節の間がふつうである。筆者の経験では、品種によって著しく異なることはなく、大果種は低節位、小果種は高節位にして果実の大きさの調節をはかるのがふつうである。もちろん、栽培時期や作型が変われば、同一品種でも着果位置は変わってくる。

定植後 15～20 日くらいの様子

第1－23図　立ち栽培

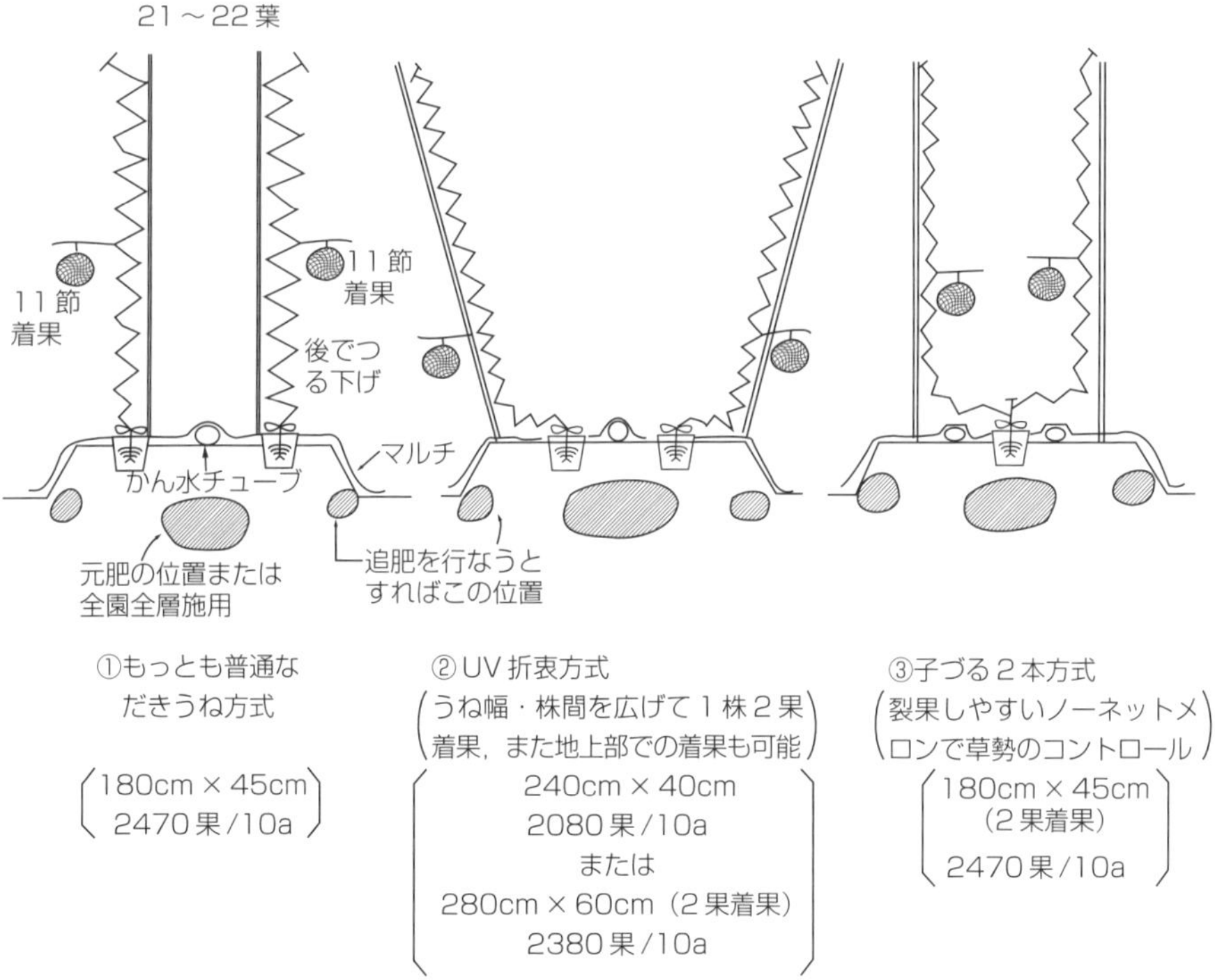

第1－24図　立ち栽培の整枝と誘引・着果（施設内）

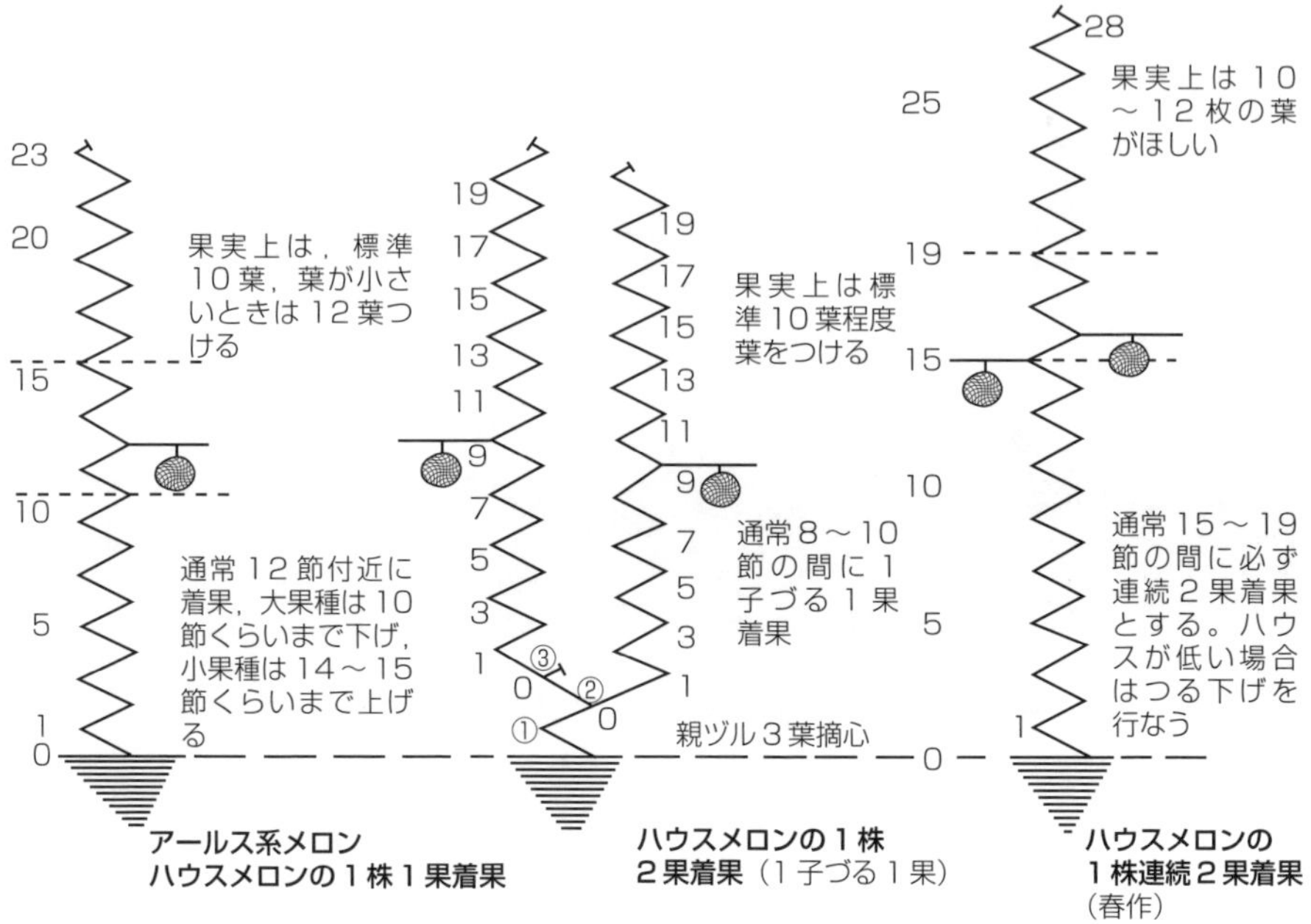

第1－25図　立ち栽培メロンの整枝と着果位置

②整枝の方法

かならず果実の着果位置の上に、標準一〇枚の葉を用意して、その上で摘心する。葉が小形の品種は、一二枚から一四枚くらい必要とすることがある。上位葉の葉数は大葉種は少なく小葉種は多くと品種によって異なるので、その品種の育種元の指示に従うとよい。草勢が強すぎる場合は開花してもなかなか着果しないことが多いので、生長点をピンセットで抜くような摘心を行なうとよい。

下位葉は、温室メロンではすべて取り去る栽培が多いが、アールス系メロンでは下位五葉くらいを、メロンに急な負担をかけないように下から順番にかいていくのが無難である。

巻きひげは支柱などに巻き付くときに、かなりのエネルギーを消耗するので、できるだけ若いうちに取り去った

九州では下葉を5枚くらい除去してつる下げをする栽培が多い

第1－26図　つる下げ栽培

ほうがよい。

★ハウスメロンの場合

①仕立て方と着果位置

ハウスメロンの場合は、アールス系メロンよりは簡易な栽培がとれるが、やはり一株一果収穫が原則である。よほど条件整備を行なっても、二果着果は外観をわるくし品質も落とすことが多い。とくに抑制栽培は、二果連続着果でも共倒れになってしまうことが多い。以前、「コサック」が奨励されはじめたころ一株連続二果収穫が指導されたこともあったが、二果そろってバランスのよい果実を収穫することは困難で、とくに秋作では非常に困難であったため、最近では栽植密度をやや粗くして、子づる二本仕立てで各一果着果が多くなったという経緯もある。

したがって、一株二果着果の場合は、連続二果着果より栽植密度を粗くして子づる二本仕立てとし、一子づるに各一果着果を基本にしたい。春作は親づる一本の連続二果着果も可能であるが、着果節位を上げないと果実は小形化する（第1－25図）。なお抑制栽培では、親づる一本の二果着果は連続二果着果でも行なわないほうがよい。

②整枝の方法

親づる一本一果着果の場合、開花節位は一一～一四節とし、上位葉は一〇～一二葉とする。親づる一本二果着果の場合（すすめないが、やるとすれば春作に限る）、開花節位は一五～一九節とし上位一二葉は確保する。着果位置が高いので、つる下げして（第1－26図）一四葉つけられればなおよい。

下位葉はつる下げのじゃまになるので摘葉するが、三～四葉かけば十分である。子づる二本の各一果着果は、栽植密度が二分の一であれば、八～九節着果で親づる一本着果とほぼ同等の結果が得られる。

巻きひげの取り去りは、アールス系品種に準じて行なったほうがよいといわれているが、ハウスメロンの草勢の強い品種ではとくに行なわなくても大きな問題はない。

★立ち栽培の生育の特徴

以前、立ち栽培で着果節位より下位葉の葉数と、上位葉の葉数を変えて栽培を試み、果重、糖度のちがいを調べてみたことがあるので、それを紹介しよう（第1－27図）。

上位一五葉、下位五葉とした場合、果実の糖度は一番高かったが果重は小さかった。上位一〇葉、下位一〇葉でもっとも標準の果実となり、糖度も上位一五葉に次いで高かった。下位一五葉、上位五葉では果実の糖度は図では上位零葉と変わりなく表示してあるが、ほかの成績を見ても低く、果実は

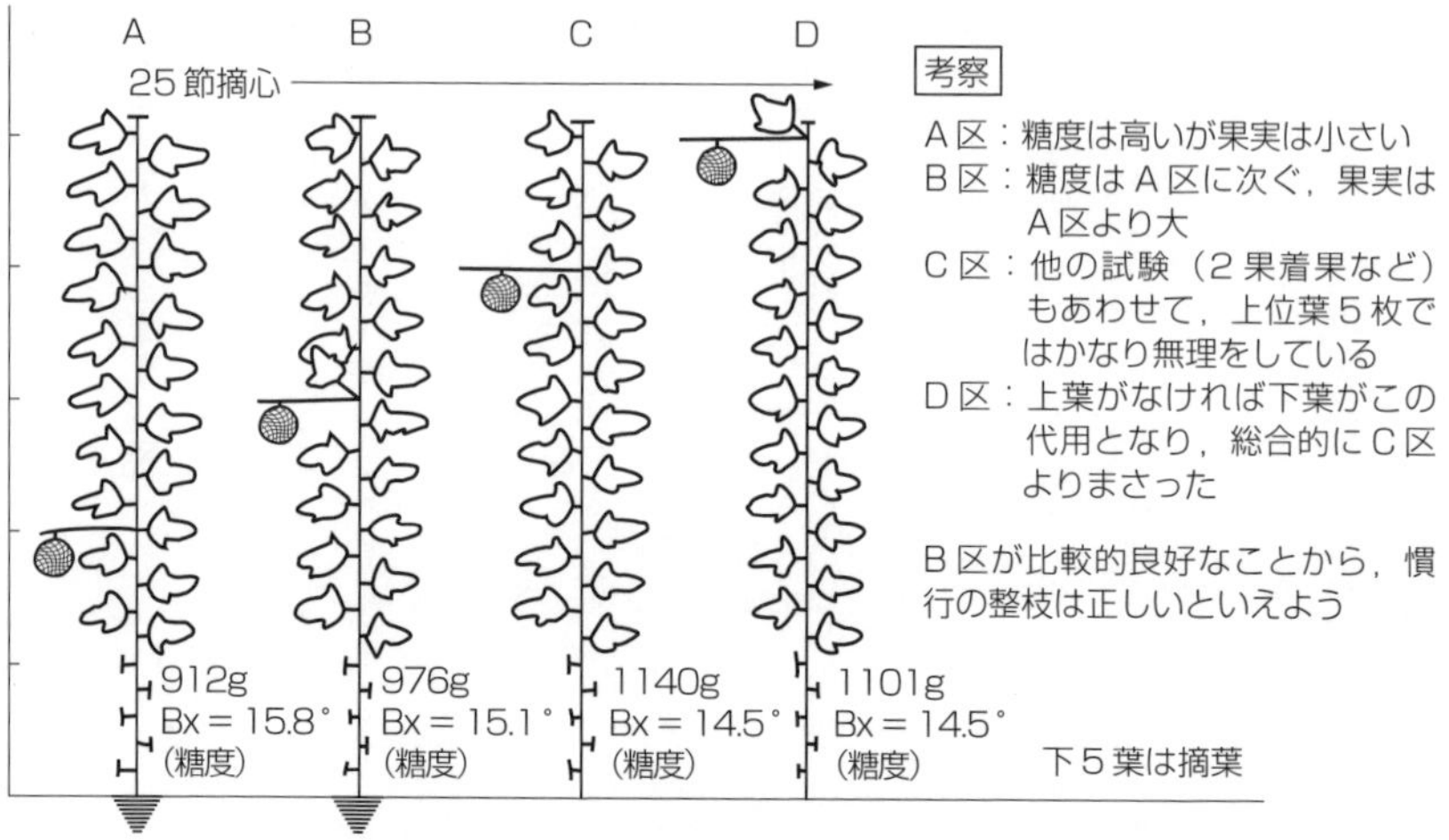

A
B
C
D
25節摘心
25
20
15
10
5
0
本葉枚数目
912g
Bx＝15.8°
（糖度）
976g
Bx＝15.1°
（糖度）
1140g
Bx＝14.5°
（糖度）
1101g
Bx＝14.5°
（糖度）
下5葉は摘葉
考察
A区：糖度は高いが果実は小さい
B区：糖度はA区に次ぐ，果実はA区より大
C区：他の試験（2果着果など）もあわせて，上位葉5枚ではかなり無理をしている
D区：上葉がなければ下葉がこの代用となり，総合的にC区よりまさった
B区が比較的良好なことから，慣行の整枝は正しいといえよう

第1－27図　着果位置と上下葉数が果実の重量・糖度に及ぼす影響

注．品種「ふかみどり」，試験年次1977年，別に2果着果の試験もあり，早期着果のため果実は小さい。この試験では，C区は特に劣っているとはいえないが，2果着果では確実に劣る成績となった

かなり大きくはなったものの変形していた。下位二〇葉、上位零葉、すなわちつるの最上位に着果させたものは、果重はやや小さくなったが、全般的に上位葉五葉より優れていた。

この実験からいえることは、立ち栽培の場合、糖の発現は上位葉に支えられ、上位葉がない場合はやむを得ず下位葉が代行するということと、果重は上位着果ほど大果になるが、上位葉がまったくないときはやや小形化するということである。品質向上に貢献するのは上位葉だが、上位葉がまったくないときは、やむを得ず下位葉が代行するということである。したがって、立ち栽培の一果着果では、〝着果節位の上一二～一五枚の葉は付けよ〟ということと、〝着果節位以下の葉は摘葉してもよい〟という従来の知見と一致した。この実験は春作で一果着果と連続二果着果で行なったが、二果着果では平均糖度は一・五度低く、果実も二五%も小形であった。

また、立ち栽培の着果数は、一〇アール当たり二六〇〇株植えで通常株当たり一果だが、やや栽植密度を粗くすれば、大果種でないかぎり一本仕立てで連続二果着果も可能である。この場合条件がよくても三五〇〇果ていどでとどめたほうがよい。ただし、抑制栽培では日射量が春作の三分の二ていどになるので（第1－28図）、連続二果着果でも良品収穫は無理である。また、栽植密度を一三〇〇株として子づる二本整枝とすれば総収量では一本整枝と変わりはないが、収穫期はやや遅くなる。

結論としては、品種の草勢の強弱によって異なるが、立ち栽培の一本仕立ての場合、一〇節から一四節の間の子づるに一果着果させ、その上に一〇～一二葉を付けるのが目安になる。そして、草勢の弱い品種は、先端から適当に遊びづるを伸ばすとよい。しかし、立ち栽培では草勢の強い品種が多くなり、特定の遊びづるを伸ばさなければ草勢維持が困難な品種は、最近少なくなってきた。わき芽かきの手間は増えるが、すべてのわき芽をかいてきれいにしても、間もなくどこかにわき芽が伸びてきて生長点が現われてくるような品種がむしろ望ましい。

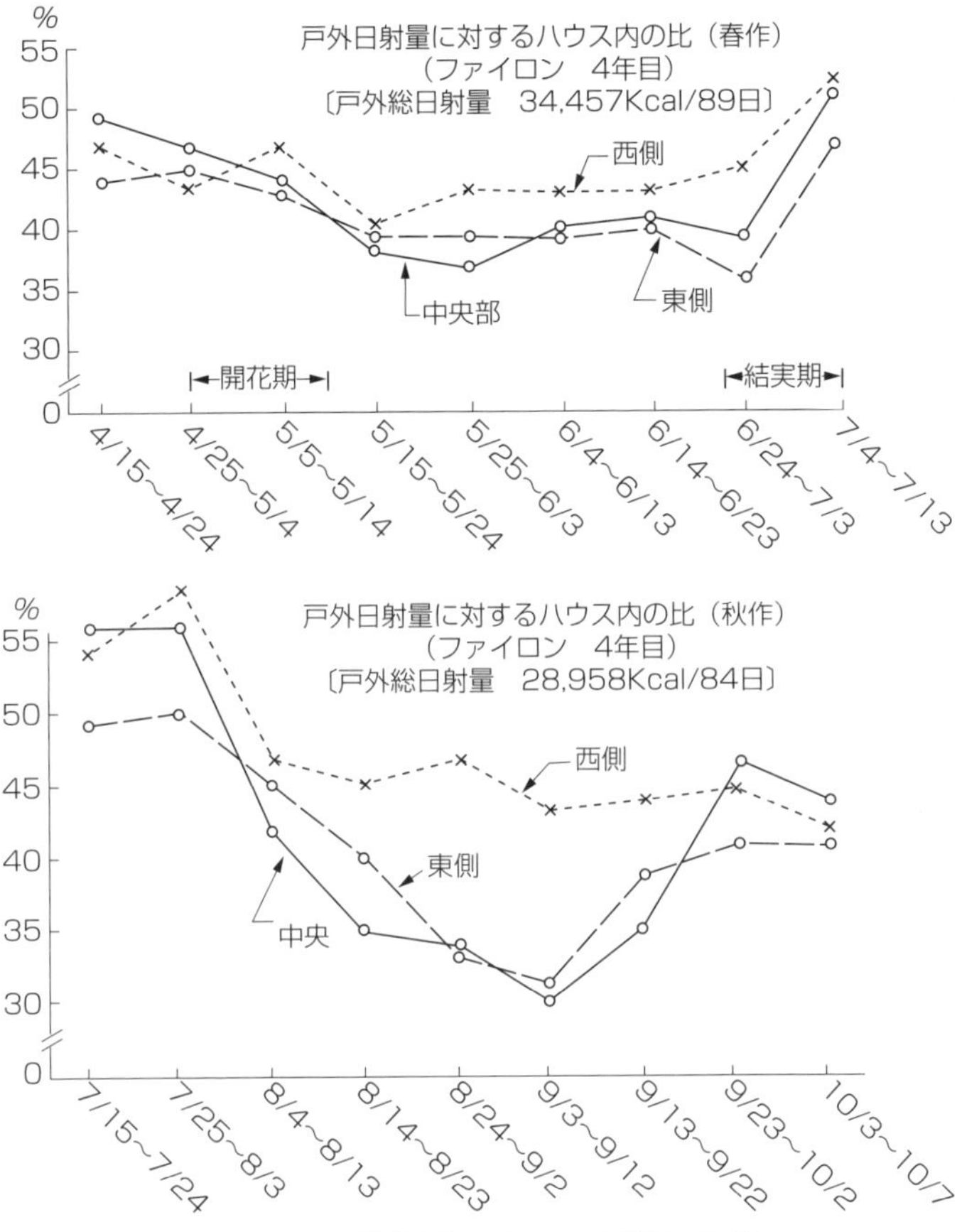

第1－28図　栽培施設の春秋の日射量のちがい

注．（1）西側に比較して東側の日射量の少ないことは，①ハウスの向きが南南東に偏っている，②隣接ハウスまでの距離で東は同型ハウスで5m，西は丈の低い網室で7.5m，③偏東風を防ぐため東はハウスのビニールを開くことが少ない，などの環境要因が考慮される

（2）９月中旬になって急に比が上昇しているが，軟腐病の被害による葉の衰弱欠落などが主原因である

（2）地這い栽培

★仕立て方と着果位置

地這い栽培が立ち栽培とかなり異なることは、着果位置より下位の葉も果実の肥大に貢献しているということである。地這い栽培は、二本仕立て四果着果が原則

であるが、一〇アール当たり六五〇株植えとすると二六〇〇果となり、総収穫果数は立ち栽培とあまり差はない。

地這い栽培の場合、着果節位は子づるから出る孫づるの第一節であるが、半促成栽培や早熟、普通栽培では子づる第一一～一四節から出る孫づる、促成栽培では第一七～二〇節くらいまで上げた節に着果させる。

着果は、一本の子づるの連続した節位に着果させる二果連続着果とする。

★整　枝

地這い栽培では、定植前に子づる二本に整枝しておくことが望ましい。

そうして、定植後しばらくして、整枝した二本の子づるを主枝としてオー

第１－29図　地這い栽培（定植直後の様子）

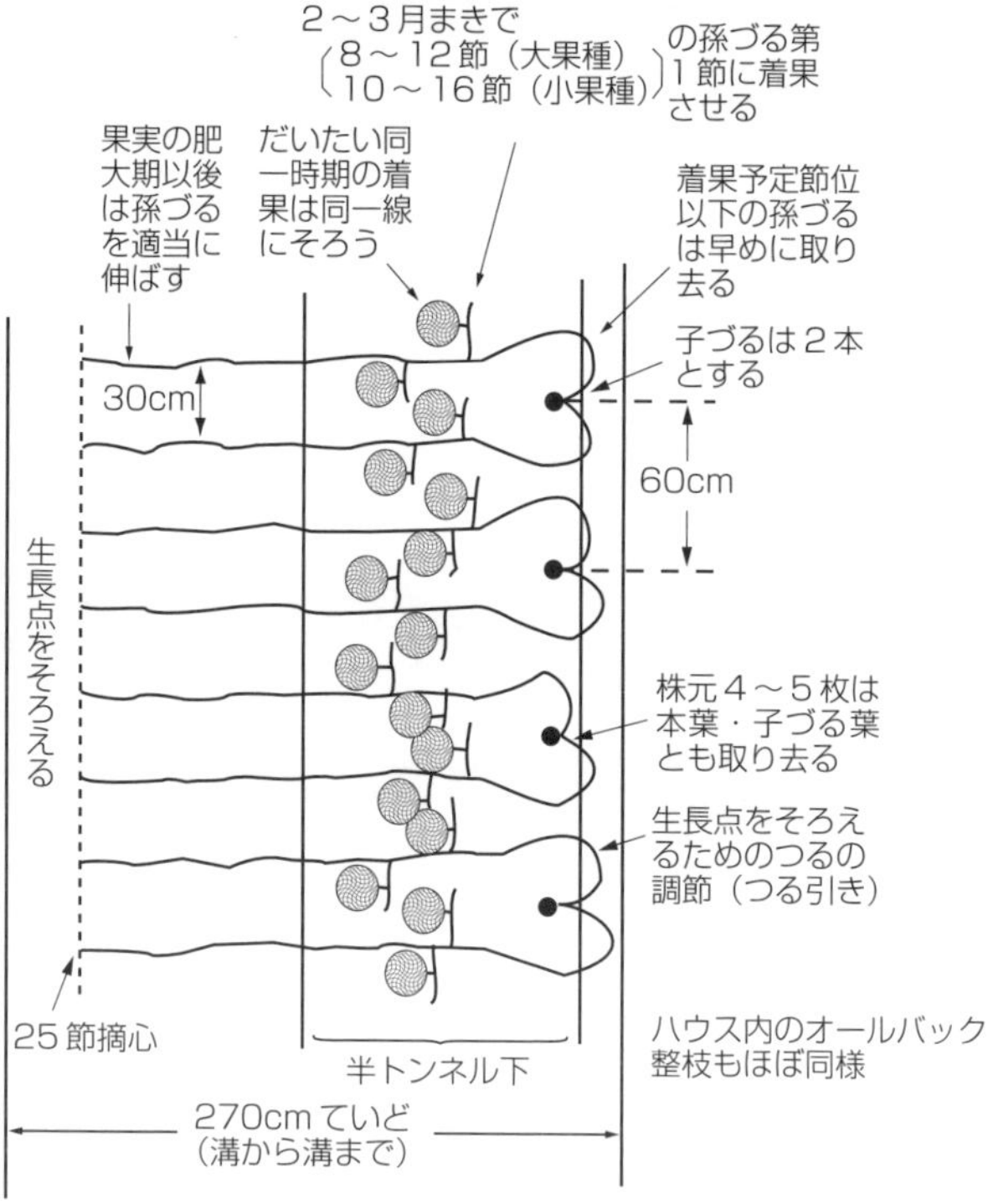

第１－30図　U字型（オールバック）**整枝**（ネットメロン）

注．新潟園試などの実例による

ルバック状に伸ばしていく。この場合、部分的なつる引きなどで一番花の着果位置を横一線にそろえておくと、成熟期がそろうので、未熟果を誤って収穫することが少ない。果実の上一〇～一二葉で摘心するが、着果しにくい品種は所定の着果位置の開花二日前にピンセットなどで摘心するとよい。

★地這い栽培の生育の特徴

地這い栽培のメロンは、下位葉も果実の肥大に貢献するから、普通作型で摘心は二一～二三節で行う。連続二果着果させても果実の上位に一二葉くらいつければ、下位葉もあわせて葉数不足ということはない。促成では着果節位はかなり上げるが、上位葉は一二枚程度はほしい。

遊びづるの考え方は、とくに遊びづるとして二～三本伸ばすより、つねにどこかに生長点を立てて適当に軽いわき芽かきをする方法でよく、長い遊びづるを伸ばすのと結果は変わらない。遊びづるがなければ施設内も藪状にならないので、むしろこのほうが管理はらくである（第2－30図）。

日の目を見出した黄皮系ネットメロン

最近の傾向

台湾の農友種苗が育成の原点と考えられる、黄白皮系のスペインメロンにネットをつけたような品種が日本に導入され、品種改良に貢献し始めた。

日本園芸生産研究所では、日本の緑肉・緑皮の品種との交配にこの品種を導入し、緑皮の「タカミ」を育成して「食べ頃の日持ちを長続きさせる」大きな成果を上げている。

黄皮になるのが日持ちの終わりの変色ではなく、黄皮でありながらネットがある品種は、まだまだ欠点が多く全国制覇するような品種は見当たらない。

問題点としては、①へた離れしやすい、②裂果性がある、③高糖度で食味はよいが、発酵しやすいものもある、④ネットが貧弱である、⑤形状が楕円形にすぎる、⑥着果が困難なものもある、などである。

一一一ページにも簡単に述べたが、これらの欠点を克服した品種が完成すれば、おいしいということから、直売場などでの主力品種となろう。

筆者は昭和三十四年から露地系のメロン栽培、翌年から品種改良に従事し、新潟県園芸試験場、住化農材株式会社、瀬古技術士事務所で、若干の中断期間はあったが、すでに五〇年に近い育種体験を持つ。近年は前記、黄皮系メロンに大きな関心を持ちその育成に懸命の努力を重ねている。

「グランドール1号」

ハウス用の促成、抑制および適地のトンネル栽培に適す。果実はやや楕円形で大果。

濃緑色の果皮が八〇％黄化する時が収穫期。開花後四八日で収穫期にはいる。ただし収穫期が低温期になる抑制栽培では、果実の黄化が不良になる。

果肉色は白で、収穫後しだいにとき色を帯びてくる。糖度は極端な高温期を除き、一六度以上になり食味は極良好。収穫後三日でサクサク果として食べられ、メルティング質になるのは七日以降である。

着果はやや困難だが、蜜蜂交配で安定する。問題は収穫期で、黄化したらすぐ収穫しないと、へた離れを起こす。へたのない果実は、日本では直売所でも安価にしか売れない。

「グランドール3号」

「グランドール1号」の欠点を改良しようと育成したもので、次のような従来あまりなかった特性を持つ。

着果はきわめて容易で、蜜蜂はもちろん、手交配でも簡単に着果できる。

淡緑色の果皮がしだいに淡黄色となり、1号と同様、開花後四八日から収穫期にはいる。しかし、収穫の判定は、果実周辺部の葉のマグネシウム欠乏症状で、黄褐色に変色してから収穫する。果肉色は緑色で、開花後四八日から六〇日の間いつ収穫してもよいという、たいへんな特性がある。試験では開花後六〇日の収穫で、夏季常温下の室内貯蔵で、収穫一〇日後まで食べ頃が持続した。草勢は1号よりはやや弱いので、トンネル栽培は適地に限るようである。

なお1号をより容易に栽培できるようにした4号も、育種を企画中である。

第2章

栽培管理の実際

1、苗の育て方

(1) 育苗方法とその選択

★自家苗にこだわる

最近産地によっては共同育苗を行なうとか、セル成形苗を購入するとかの動きもあるが、特別優れた共同育苗が行なわれているところは別として、やはり自分で種まきから手がけた苗を使用したほうが、栽培管理に愛情がわくだけでなく、自分の思いどおりの定植株を育てられることになる。

自家での育苗では、育苗床づくり、種まき、発芽揃い直前の被覆物除去、鉢上げ、摘心、わき芽かき、定植前の馴化など、育苗期間の二五～三五日間（冬季には五〇日ということもある）は、まったく手を抜けない。マニュアルに従い、手を抜かない管理が必要である。

第２－１図　定植期の鉢苗とセル成形苗（50穴セルトレイ）（写真　伊藤政憲）

★セル成形苗か鉢苗か

セル成形苗の最大の長所は、育苗床に面積をとらず、使用床土の大幅な節約にもなることである。また、適期に定植できれば、鉢苗より発根力もあり、定植後の生育も良好で、早植えの鉢苗の生育を追い越すこともある。しかし、定植時期に幅を持たせることができないのが大きな欠点で、適期を失して老化苗にすると根の発育がわるく致命傷になる。また、定植期に寒波がきたりすると老化苗になりやすい。したがって、晩冬から早春の定植の促成栽培や半促成栽培には、育苗期間に幅を持たせられる一〇・五～一五センチくらいのポリ鉢の鉢苗を使用するのがもっとも望ましい。

セル成形苗は、抑制栽培の高温期育苗に適応性が出てくる。ウイルスに感染させたくないので、寒冷紗で被覆することが多く、長期育苗では軟弱徒長になりやすい。そのため、高温期は本葉一～一・五葉ていどの若苗で定植するので、セル成形苗でも老化苗になることはないのである。

セル成形苗は販売業者の宣伝もあり、促成から抑制まで広く使用できるようにいわれている。たしかに、適期植えのその後の発根力の優れていることは認めるが、低温期は温暖地の短期育苗を除き、苗床に長期間置けたほうが実情にあっており、短期育苗が望ましい夏秋作の利用を中心に考えるべきである。

なお、大鉢利用の長所は、①寒波が襲来しても数日定植を延期できる余裕を持てるので、暖かい日に定植できる、②摘心・側枝二本立てなどの作業を育苗中にできる、③大鉢を使えば老化苗の心配が少ない、などである。

★作型でちがう育苗方法

育苗方法は、気温の低い冬から春にかけて育苗する春植えと、気温の高い夏に育苗する夏植えとでは大きくちがう。

促成、半促成、早熟栽培など、春植えでは三五日ていどが育苗期間の適期である。葉齢のすすんだ大きな苗を植えるということだけでなく、低温が続いて定植できず育苗期間が伸びた場合でも、老化苗にならない配慮が必要で、そのため大鉢を利用する。

それに対して抑制栽培の夏植えは、二〇日以下の育苗日数の小さい苗でよい。したがって、小鉢やセル成形苗で十分である。本葉は一・五葉期が定植の標準である。

①促成、半促成、早熟栽培の育苗

これらの作型では春植えになり、低温期の苗の生育にとって厳しい時期に定植しなければならず、育苗期間が予定より長引いてしまうことが多いので、一〇・五～一三・五センチの大鉢使用が安全である。セル成形苗は、この時期では使用すべきでない。最近は研究者からもセル成形苗の優秀性は報告されているが、セル成形苗を使用するとどうしても育苗日数を短くしなくてはならない。そうするとハウスへの定植が早くなり、加温の場合は燃料費、保温の場合は保温資材が余計かかることになる。

春作は、定植期の天候がひじょうに大きく影響する。したがって、少し苗が大きくなりすぎても不良環境に対応する苗がよいわけで、大鉢でつくったふつうの苗にはかなわない。大鉢を使用すれば、低温期をはずして定植できる長所があるほか、地這い栽培では定植前に子づる二本整枝を終わってから定植することが可能である。

この方法は、二つの大きな利点がある。一つは、摘心直後の生長点がないときに定植すると活着が思わしくないが、子づるの生長点確認後に定植すれば発根能力もよくなっているので活着がよい。もう一つは、定植してから這いつくばって子づるの確認やわき芽かきを行なうよりはるかに省力的なことである。

セル成形苗を購入した場合は、春はいったん大鉢に仮植したほうが無難である。

②抑制栽培（夏秋作）の育苗

抑制栽培の立ち栽培では、夏の高温期の育苗となる。この時期はいつ植えても温度的な心配はまったくない。高温期に問題になるのは、有翅アブラムシによってＣＭＶ（キュウリモザイクウイルス）に感染し致命的な被害を受けることである。ウイルスフリーの苗を育てるには、有翅アブラムシを遮断しなければならない。三〇〇番ていどの寒冷紗をトンネル状に被覆してアブラムシを遮断すると、どうしても光線不足で徒長型の苗になりやすい。したがって、できるだけ育苗期間を短縮し、徒長苗になる前に定植したい。

また、高温期には若苗を定植したほうが、発根力が落ちず確実に良好な生育をする。しかも抑制栽培は立ち栽培が多く、あらかじめ子づるを摘心するようなことは行なわない。したがって、鉢育苗でも小苗用の六センチていどの小鉢を使ったかなり短期間の育苗となり、播種後一四～二〇日には定植適期になる。このような短期育苗ではセル成形苗の活躍の場面が出てくる。

(2) 育苗資材と育苗準備

育苗資材については、次の点に注意する。

①育苗に必要な資材は早めに確保しておこう。

②とくに購入床土は実績のある優秀品を選ぶ。

③低温期育苗と高温期育苗では、育苗の方法も準備する資材も大きく異なる。

★床土の準備

育苗用の床土は、次の三種類が考え

られる。

①じっくり熟成させる堆積床土

水持ちがよく、しかも余分の水は抜けやすい床土がもっとも望ましい。このような床土は、栽培前年から、田土・川砂、稲ワラ・落葉・米ヌカなどの有機物、肥料（石灰窒素・過リン酸石灰・硫酸カリなど）を配合して堆積し、二回ていど切り返して育苗に使用するのがもっとも望ましい（第２－２図）。しかし育苗専用の床土が出回るようになってからは、ほとんど使われていない。

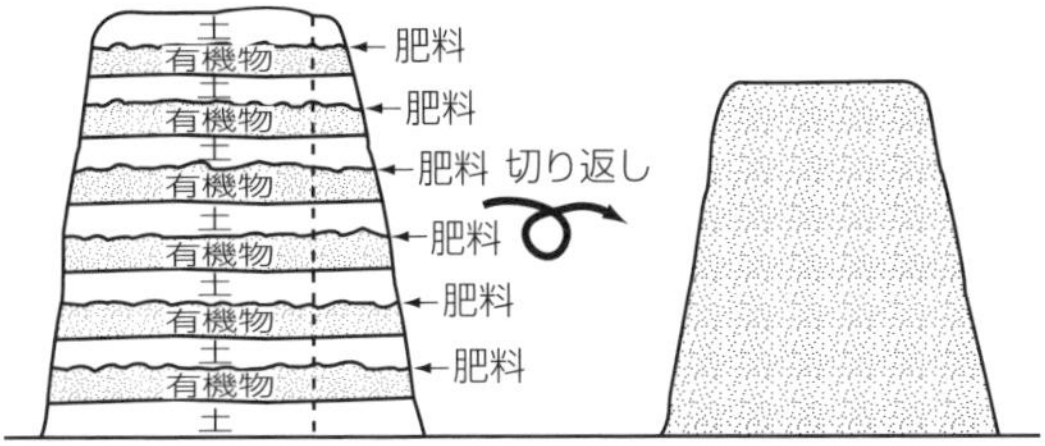

夏季に土，有機物，肥料を下肥などを加え，踏み固めながら層に積む。秋～冬に2，3回切り返しを行ない，堆積する。切り返しは，層に対して直角に土を崩していく

熟成床土のつくり方

- 土は田土，川砂を配合する
- 有機物は稲ワラ，麦ワラ，落葉などを利用する
- 肥料は石灰窒素，過リン酸石灰，硫酸カリなどの単肥を使用し，$1m^3$当たり窒素130～260ｇ，リン酸320ｇ，カリ 130 ～ 260ｇの成分量になるようにする
- 促成床土では，有機物は完熟細末堆肥を利用する。肥料は本文参照

第２－２図　熟成床土の堆積と切り返し
（高橋和彦原図）

なお、配合する肥料の目安は、一立方メートル当たり米ヌカ四キロ、石灰〇・八キロ、過石一キロ、硫加〇・四キロで、成分量としては窒素一三〇～二六〇グラム、リン酸三二〇グラム、カリ一三〇～二六〇グラムていどである。

②購入床土は性質を十分把握して使う

最近はすぐれた床土が市販されるようになった。

堆積床土は、メロンの苗がしおれないだけの水持ちがよく、かつ余分の水を残さない水はけのよさが特徴で、灌水回数を減らすのに大きなメリットがあった。しかし、市販床土も、かなり水持ち、水はけともによい特性を持つものが近年ようやく増えてきた。このような床土はうっかりすると灌水過多になりやすいので注意したい。優秀な床土を使用すれば灌水は朝一回で十分である。ただし、まだ販売床土のなかには、水はけはよいが、水持ちがわるいものがけっこう多いので、床土の性質を十分把握して使いたい。

仮植床土（鉢土）はかならず果菜用の長期肥効の床土を利用する。千葉県の若梅健司氏は販売床土のなかでも、チッソ旭肥料の「果菜類床土」、コープケミカルの「元気君」、ニッピの「良菜床土」などはかなり優れているといっている。

なお、葉菜用の床土では初期の肥効が強すぎるうえ、持続性がないので使

わない。

播種床用には肥料成分が少なく、発芽しやすい軽い専用の床土が販売されている。スミリン農産の「播種床専用土太郎」などがある。

③手軽につくれる速成床土

自分で速成床土をつくるには、無肥料の市販床土二〇〇キロ、または山土など無病の土一〇〇キロに完熟細末堆肥（窒素〇・五％未満）一〇〇キロを混入したものを使う。消石灰でpHを六・〇ていどに調整する。

この原土二〇〇キロに住友化学の硝酸化成抑制剤（DCS）入り肥料「EXスミカエース14」（N－P－K－Mg－B－Mn＝14－14－14－3.0－0.1－0.1）を七〇〇～一〇〇〇グラム混入する。「EXスミカエース14」はガス害もなく、灌水を十分行なっても七〇日ていどの持続力があり、筆者の使用した床土用の肥料としてはもっとも使いやすいものであった。なお、床土に完熟細末堆肥を混入した場合は、施肥量を若干減らしたほうがよい。七〇日の肥効は鉢土に「弁当肥」を持たせて定植するようなものであり、定植後の初期生育も良好になる。

速成床土の肥料は、以上のほかガス害がないものとして、床土二〇〇キロあたり、「ホルムチッソ」（三井東圧）または「スミカホルム」（住友化学）二五〇グラム＋過燐酸石灰（多木化学）一四四〇グラム＋硫酸カリ（各社）三一〇グラムを配合して二キロとしたものも使用できる。

床土に使用する肥料は七〇～九〇日ていどの緩効度があり、ガス害のないものを使用する。なお、緩効度七〇～九〇日と育苗期間より長いものを使うのは、加温や灌水で肥効が促進されて肥効期間が短くなるためである。

その他、床土肥料の使用上の注意点は、次のようである。①CDUを使った肥料の育苗利用はガス害のおそれがある、②尿素単体はガス害が発生しやすいので、絶対に使わない、③尿素の重合体であるウラホルム態窒素（「ホルム窒素」「スミカホルム」など）は、通常の使用量ならガス害は出ない。

★低温期育苗では保温を重視して準備

①日当たりのよい場所を選ぶ

育苗の場所は、寝起きする母屋のそばで、南向きの日当たりのよいところを選び、育苗ハウスを建設する。北西には防風障壁を建て、寒風から施設を保護する。

育苗ハウス内に木枠などで温床をつくるのがふつう。排水のよいところでは比較的断熱の楽な半地下式にして、モミガラをたっぷり敷き詰めるとよい。排水のわるいところでは地上式に

おそれいります
が切手をはって
お出し下さい

郵便はがき

3350022

（受取人）
埼玉県戸田市上戸田
2丁目2－2

農文協

読者カード係 行

◎ このカードは当会の今後の刊行計画及び、新刊等の案内に役だたせていただきたいと思います。　　はじめての方は○印を（　　）

ご住所　（〒　　－　　） TEL： FAX：	
お名前　　男・女　　歳	
E-mail：	
ご職業　公務員・会社員・自営業・自由業・主婦・農漁業・教職員（大学・短大・高校・中学・小学・他）研究生・学生・団体職員・その他（　　）	
お勤め先・学校名	日頃ご覧の新聞・雑誌名

※この葉書にお書きいただいた個人情報は、新刊案内や見本誌送付、ご注文品の配送、確認等の連絡のために使用し、その目的以外での利用はいたしません。

● ご感想をインターネット等で紹介させていただく場合がございます。ご了承下さい。

● 送料無料・農文協以外の書籍も注文できる会員制通販書店「田舎の本屋さん」入会募集中！
案内進呈します。　希望□

■毎月抽選で10名様に見本誌を1冊進呈■（ご希望の雑誌名ひとつに○を）

①現代農業　②季刊 地 域　③うかたま

お客様コード □□□□□□□□□□

お買上げの本

■ ご購入いただいた書店（　　　　　　　　　　書店）

●本書についてご感想など

●今後の出版物についてのご希望など

この本をお求めの動機	広告を見て（紙・誌名）	書店で見て	書評を見て（紙・誌名）	インターネットを見て	知人・先生のすすめで	図書館で見て

◇ 新規注文書 ◇

郵送ご希望の場合、送料をご負担いただきます。

購入希望の図書がありましたら、下記へご記入下さい。お支払いはCVS・郵便振替でお願いします。

（書名）	（定価）¥	（部数）　部
（書名）	（定価）¥	（部数）　部

460

第2－1表　播種床・移植床の準備（立ち栽培，地這い栽培の所要面積・鉢数・床土量など）

①立ち栽培（促成・半促成・抑制）（主としてアールス系メロン）　（10a当たり）

項　目	作　型	播種量	育苗箱数（水稲育苗箱）	正味面積（他に周辺の緩衝土が必要）	播種用床土量（厚さ3cm）（箱当たり0.0144m^3）
播種床	促成・半促成	2,800～3,000粒	150粒まき 19～20箱	0.48×19（20）＝9.2～9.6m^2	0.0144×7.7＝0.1109m^3
			180粒まき 16～17箱	0.48×16（17）＝7.7～8.2m^2	0.0144×9.6＝0.1382m^3
	抑制	2,600～2,800粒	150粒まき 18～19箱	0.48×18（19）＝8.7～9.2m^2	0.0144×7.2＝0.1037m^3
			180粒まき 15～16箱	0.48×15（16）＝7.2～7.7m^2	0.0144×9.2＝0.1325m^3

項　目	作　型	鉢上げ数	1ポット土量（セルトレイは形式を示す）		苗床占有面積（他に周辺の緩衝土が必要）	必要床土量
移植床	促成・半促成	鉢上げ2,800株（定植2,600株）	10.5cm鉢	500mℓ	0.011025m^2×2,800＝30.87m^2	500mℓ×2,800＝1,400ℓ
			13.5cm鉢	1,000mℓ	0.018225m^2×2,800＝51.03m^2	1,000mℓ×2,800＝2,800ℓ
	抑制	鉢上げ2,600株（定植2,400株）	7.5cm鉢	188mℓ	0.005625m^2×2,600＝14.625m^2	188mℓ×2,600＝490ℓ
			セルトレイ50穴（4.8^2×5.4）		0.27×0.53×52＝7.441m^2	4,500mℓ×52＝234ℓ

注．抑制は短期育苗のためセル成形トレイ50穴での育苗も示した

②地這い栽培（促成・半促成）（ネット系ハウスメロン）　（10a当たり）

項　目	作　型	播種量	育苗箱数（水稲育苗箱）	正味面積（他に周辺の緩衝土が必要）	播種用床土量（厚さ3cm）（箱当たり0.0144m^3）
播種床	促成・半促成	720～900粒	150粒まき 5～6箱	0.48×5（6）＝2.4～2.9m^2	0.0144×2.0＝0.0288m^3
			180粒まき 4～5箱	0.48×4（5）＝2.0～2.4m^2	0.0144×2.9＝0.0418m^3

項　目	作　型	鉢上げ数	1ポット土量		苗床占有面積（他に周辺の緩衝土が必要）	必要床土量
移植床	促成・半促成	鉢上げ800株（定植750株）	10.5cm鉢	500mℓ	0.011025m^2×800＝8.82m^2	500mℓ×800＝400ℓ
			13.5cm鉢	1,000mℓ	0.018225m^2×800＝14.58m^2	1,000mℓ×800＝800ℓ
		鉢上げ700株（定植650株）	10.5cm鉢	500mℓ	0.011025m^2×700＝7.77m^2	500mℓ×700＝350ℓ
			13.5cm鉢	1,000mℓ	0.018225m^2×700＝12.76m^2	1,000mℓ×700＝700ℓ

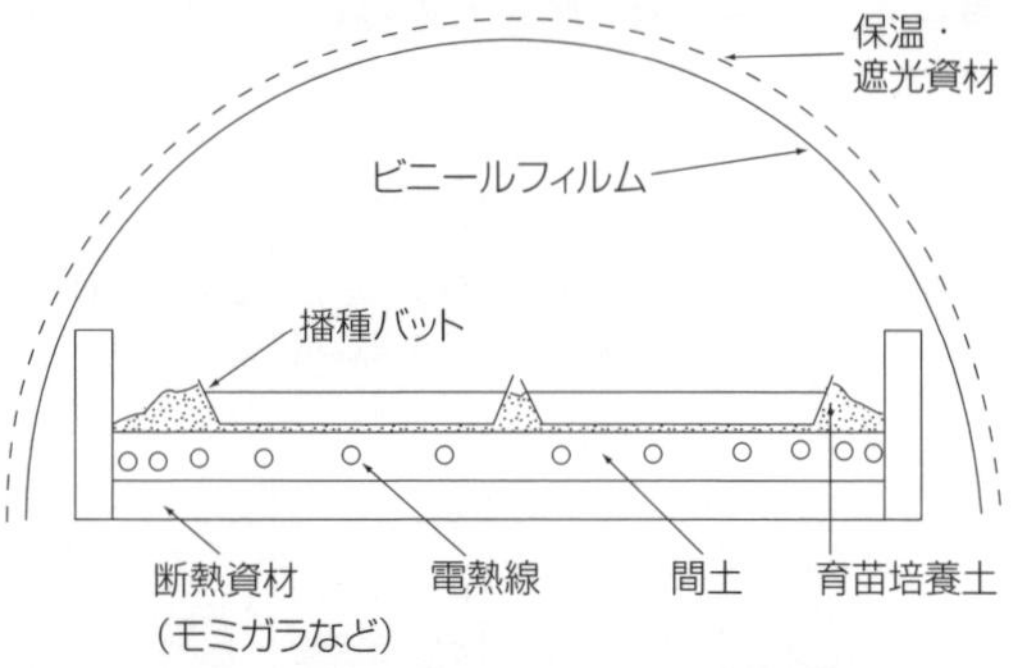

第2－3図　メロンの播種床の設置例

（伊藤政憲原図）

なるが、この場合、苗床の周辺に発泡スチロール板などを囲って断熱をよくするとよい。

②必要な資材

全般に必要な資材は、被覆資材としては直接被覆のためのビニール資材、保温のための夜間被覆資材（コモまたは化学被覆資材）などで、加温用の温床電熱線、定温維持のためのサーモスタットは、低温期育苗には必需品である。そのほか、木枠、断熱材などの資材が必要である。当然ながら、温床線の電源の確保、良質の水と灌水装置も事前に用意しておく。

③播種（発芽）床のつくり方

播種床は断熱材の上に温床線（電熱線）を引き、軽く覆土（一～二センチ）して、播種床用の床土を入れた水稲の育苗箱（六〇センチ×三〇センチ）を並べて、種子をまけるようにする（第2－3図）。

播種床に必要な資材は、播種用育苗箱、床土（無病で軽い床土、市販もされている）、温床線などである。

七～九日くらいで鉢上げをするので、播種床での育苗期間は短い。

④移植床（仮植床）のつくり方

移植床は、通常はハウス内に設置する。鉢上げ後の育苗面積を計算して面積を決める。断熱材の上に温床線を敷き、播種床よりはやや厚め（二～三センチ）に覆土をして、床土（移植床土）を入れた鉢を並べる。

移植床に必要な資材は、鉢上げ資材（ポリポットは低温期育苗には大鉢が安全。一〇・五～一五センチ）、温床線などの保温資材である。

⑤温床線の張り方

温床線の配置は第2－4図のように行なう。千葉県の若梅健司氏は、長年の経験から第2－5図のようなモノサシをつくり、地温の冷めやすい外側に密に、中央部が粗くなるように配線されているが、この方法をすすめたい。

温床線の準備でいちばん注意することは、暖かいところへ侵入して電熱線を切断やショートさせたり、断熱層を破ったりするネズミの害である。電熱線の位置のずれや断線も含めてよく点

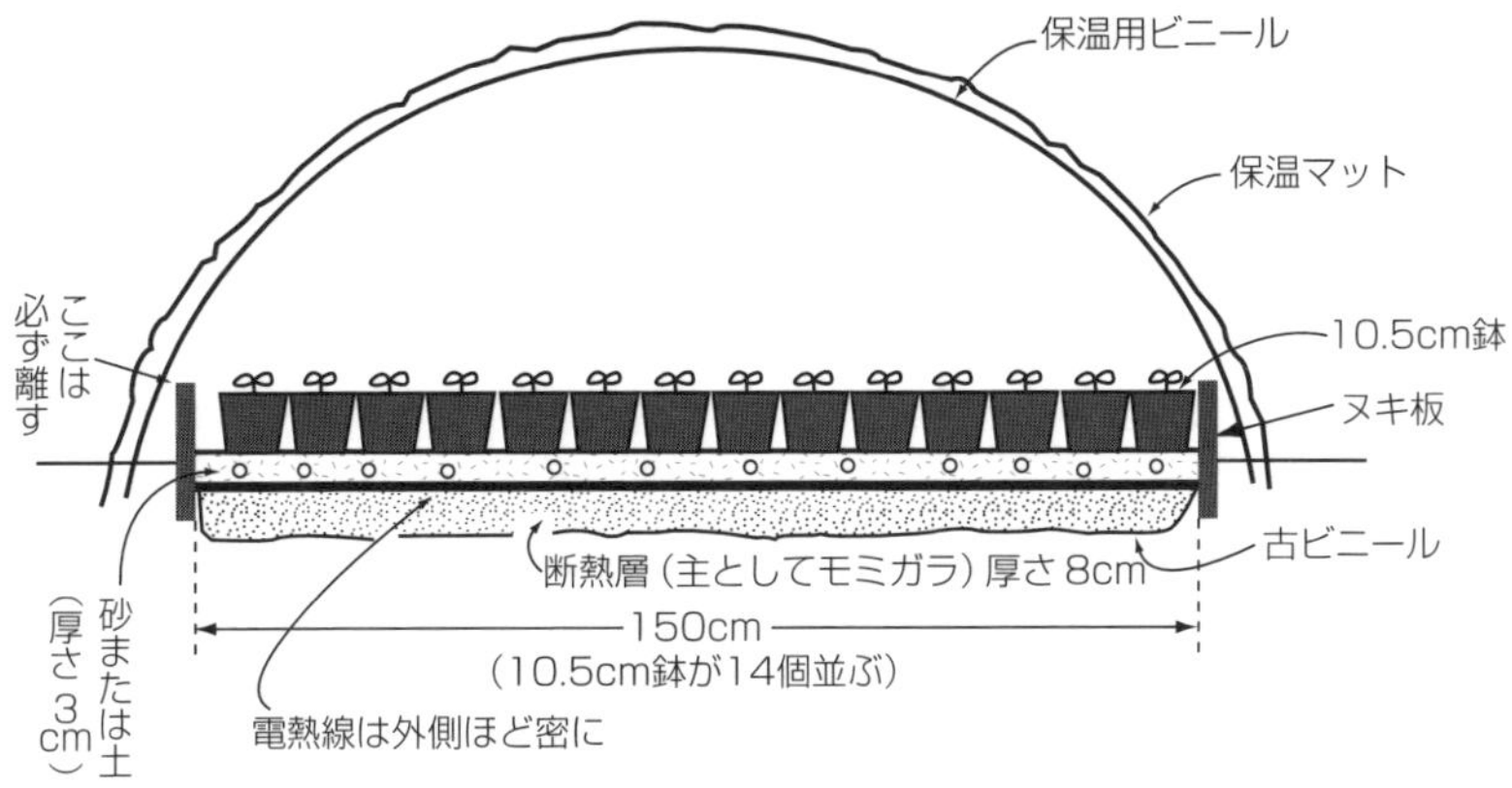

第2－4図　ハウス内に設置する移植床（仮植床）＜鉢上げ育苗，半地下式＞
地下水位の高いところでは，地上式として断熱層を下とサイドに厚めに設ける。断熱層が地表面より地下にある半地下式のほうが保温性がよい

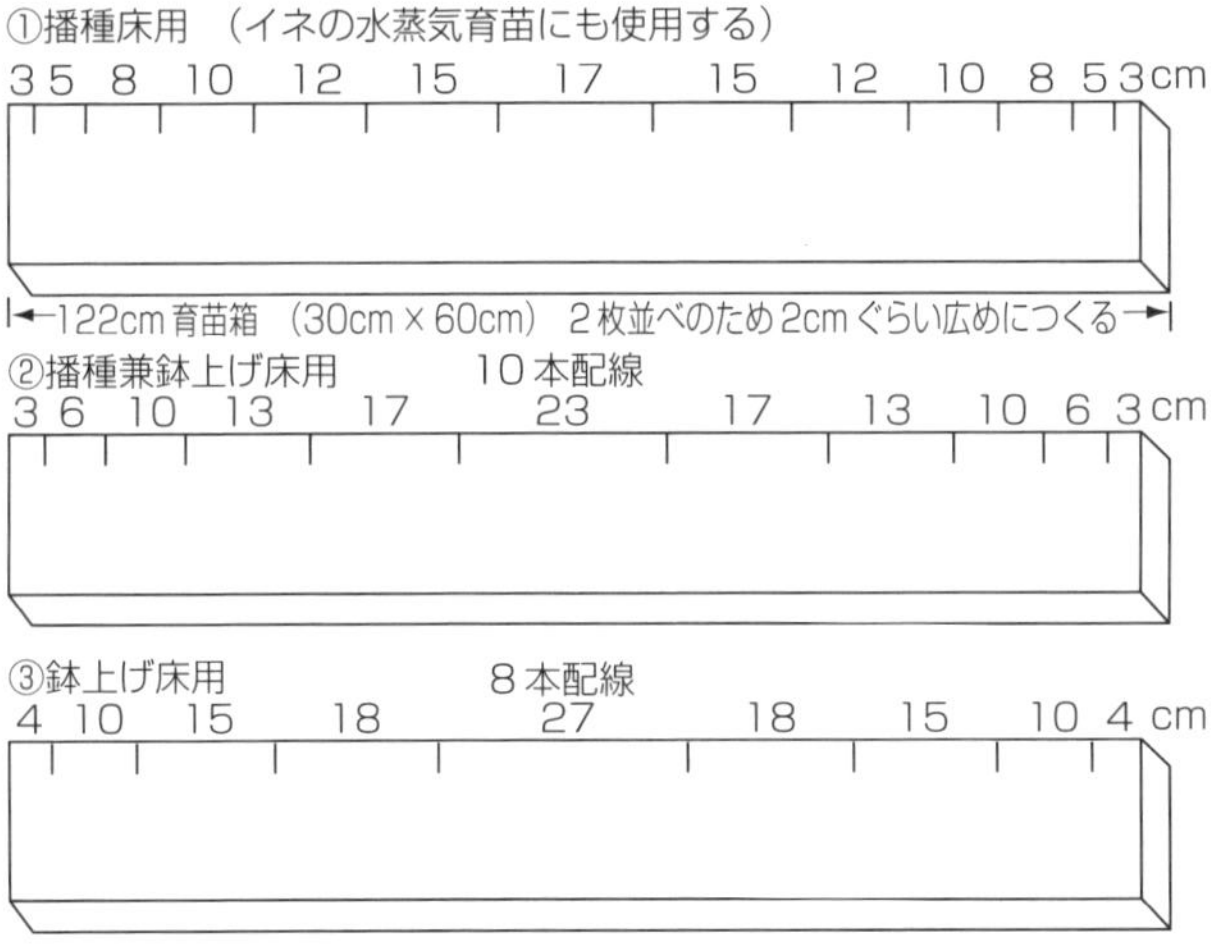

第2－5図　床の内側も外側も均一に発芽する電熱線の配線モノサシ

（若梅健司原図）

検して、早めに発見したら直ちに修理し、ネズミの駆除も行なう。

★高温期育苗での準備

育苗場所、播種床、移植床などは低温期の育苗に準ずる。高温期の育苗では、気温が二〇℃ていどであれば、電熱線を張る必要はない。鉢上げは子葉（貝割れ葉）が展開したら直ちに六センチくらいの小鉢に急いで行なう。真夏を除いて、夜温が下がりすぎないように、低温期より薄めの断熱材を敷きつめる。

★種子の選び方と貯蔵方法

メロンの種子は、生石灰と一緒に保存するなど保存環境がよければ、二〇年は発芽能力を持つので、かならずしも新種子にこだわる必要はない。かえって数年間保存した種子のほうが発芽が揃いやすい（原因はよくわからないが、休眠が関係しているものと考えられる)。

第1章「おもな品種の選び方」の項(一八ページ)でとりあげた品種は、その作型にピタリの品種である。しかし、現在市販されている品種は多くの数にのぼっており、おもな種苗(育種)メーカーと発売品種をあげると第2−2表のとおりである。

第2−2表　メロン育種のおもなメーカーと育成品種(アイウエオ順)

育成元	品　種　名
①愛三種苗	パパイヤ，カントリー
②川岸メロン園	キングルビー各系
③神田育種農場	日本一(神武)，ローランL
④協和種苗	天恵，ビューレッド，クルーガ，味の香
⑤小林種苗	ホームランスター，エリカ
⑥小林忠儀	I－K
⑦埼玉原種育成会	キスミー各系，ラブミー
⑧サカタのタネ	プリンス，アンデス，HN21，HN27，アンデス2号，アンデス5号，アールスナイト各系，緑の妖精
⑨住化農業資材	ベールグラン2号
⑩スペインメロンKK	キンショー，ラジャー
⑪大学農園	キングメルテー，札幌キング，R113，キングナイン，G31，G08
⑫高山種苗	グレース
⑬タキイ種苗	ルイス，ボーナス2号，アリス，モナミレッド，オトメ
⑭日本園芸生産研究所	アムス，タカミ，デリシイ，アスコット，ユウカ
⑮萩沢育種	エルシー2号，北海甘露
⑯萩原農場	マリオネット各系
⑰松井農園	肥後グリーン，エスプリ
⑱丸種	市場小路
⑲ミカド育種農場	エリザベス，バーデーレッド，ルピアレッド
⑳八江農芸	グリーンヒル，シーボルト各系，アールスセイヌ各系，ベネチア各系，パリス各系
㉑大和農園	大和ルナ，しらゆき
㉒横浜植木	クインシー，クレスト各系アールス，アールス雅各系

簡易で確実な種子の保存方法は、茶筒の底に生石灰を入れ、その上に厚紙に細かい穴を開けたものを置き、種子を入れてフタをし、電気の絶縁テープなどを巻いて密封しておく。できるだけ冷暗所に置いておくが、年に一回は生石灰の崩壊がないか点検する。

(3) 育苗管理と苗の診断

★メロンは手直しがききにくい作物

①育苗期と定植期の失敗は取り返しがつかない

メロンは、同じウリ科でもキュウリのように果実を連続収穫するものとは大きく異なり、一~五果の果実を同時に収穫する作物である。キュウリは果菜類の中では栄養生長と生殖生長が同時にすすんでいる典型的な作物である。ところが、メロンは生育初期は栄養生長的な生育であるが、生育途中で大転換をとげ生殖生長そのものになる。キュウリではダラダラと続く収穫期の途中で肥培管理やべと病への薬剤

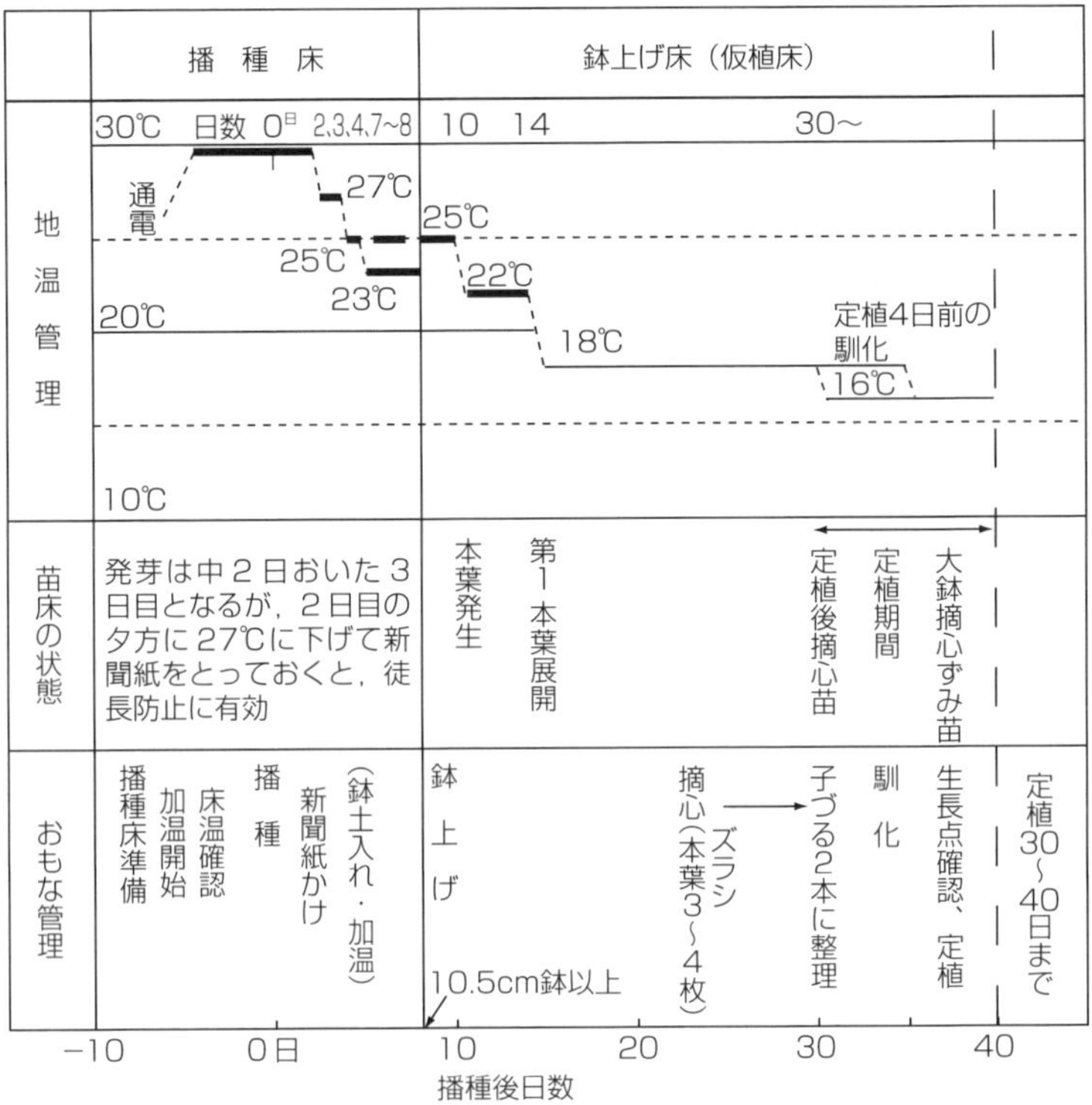

第２－６図　春作地這い栽培の育苗管理（１～３月まき）

防除などでかなり手直しができるが、メロンは一回の収穫だから各栽培ステージの時期に誤った管理をすると致命的になることがある。とくに育苗期と定植期に管理を誤るととり返しのつかないことになる。

②良苗の条件と苗質の診断

昔から栽培書にいわれている良苗の条件とは、根の量が多く、T／R率が低いこと、節間のつまった大きな厚い葉を持つこと、窒素化合物だけでなく炭水化物も適当に含むこと、などであるが、育苗期間中に花芽の分化が行なわれていることも認識しなくてはならない。

育苗中の床土の肥料不足は葉色が淡くなるので一目でわかるが、多少の不足はそう大きく苗質には影響しない。しかし、一見して黄ばんでいるような苗は後に生産力不足の原因になる。このような苗は、定植後、いくら豊富な栄養のもとで育っても、苗床での影響は簡単に回復しない。

　苗床が低温に経過しすぎたり、灌水が不足したりすると、葉が小ぶりになってしまう。この小ぶりの葉は定植後も容易に大形にはならず、結局は小果の収穫につながってしまうことがある。

2.5葉展開，1葉目と2葉目がよく揃っている

第2－7図　標準的な苗姿

灌水過多による徒長苗は、葉が軟弱で、節間は長くなり、生産力に乏しい弱々しい苗になってしまう。

　要するに、伸び伸びと、しかもガッチリした苗に育てることが良果生産につながることになる。

③小ポットで多日数育苗（老化苗）に注意

　いちばん厳しい判断を下さざるを得ないのは老化苗である。育苗面積を節約するあまり、小形の鉢で育苗して、定植のときに根鉢全面に真っ白く根が回っているような状態では、確実に活着不良になる。活着不良の悪影響が取り戻せないと主枝がカンザシ状になり、果実も小形になってしまう。その後の葉面積が確保できれば、なんとか品質は落とさないですむが、収量は小果の分だけ落ち込むことになる。

　このような苗を植えざるを得なくなったら、根鉢周囲の白い層状の根を少々ほぐしてから定植するようにする。また、初期の灌水が不足しないようにし、直接灌水のしすぎで根元を締めないようにすれば老化苗の回復は可能だ。

　とくにセル成形苗の春作は、育苗日数が超過しないように、老化苗には十分注意しなくてはならない。

　また、せっかくよい苗をつくっても定植作業で駄目にしてしまうことも少なくない。定植作業の注意点は後に「定植の準備と作業」の項で述べる。

★種子は方向をそろえてまく

　水稲の育苗箱（六〇センチ×三〇センチ）を利用して無病の床土を入れ、第2－8図のように六センチ畦幅（両端は三センチ）で一〇列に浅く縦溝をつけ、種子の方向をそろえて二センチ弱の間隔で一五粒を並べてまく。一箱一五〇粒まきになる。このようにまくと、子葉（貝割れ葉）展開が同一方向になり、重なることがないので密植の害を受けない。

覆土は種子の厚さの二〜三倍くらいとし、まき終わったら手のひらで鎮圧し、保湿のために新聞紙を二重になるよう覆いをし、その上から寒期なら三五℃くらいのぬるま湯（夏なら水）を土全体が湿るていどに灌水する。なお、灌水は全体が十分湿るていどとする。余剰水があふれるようでは多すぎる。高温期はとくに温水を使用する必要はない。

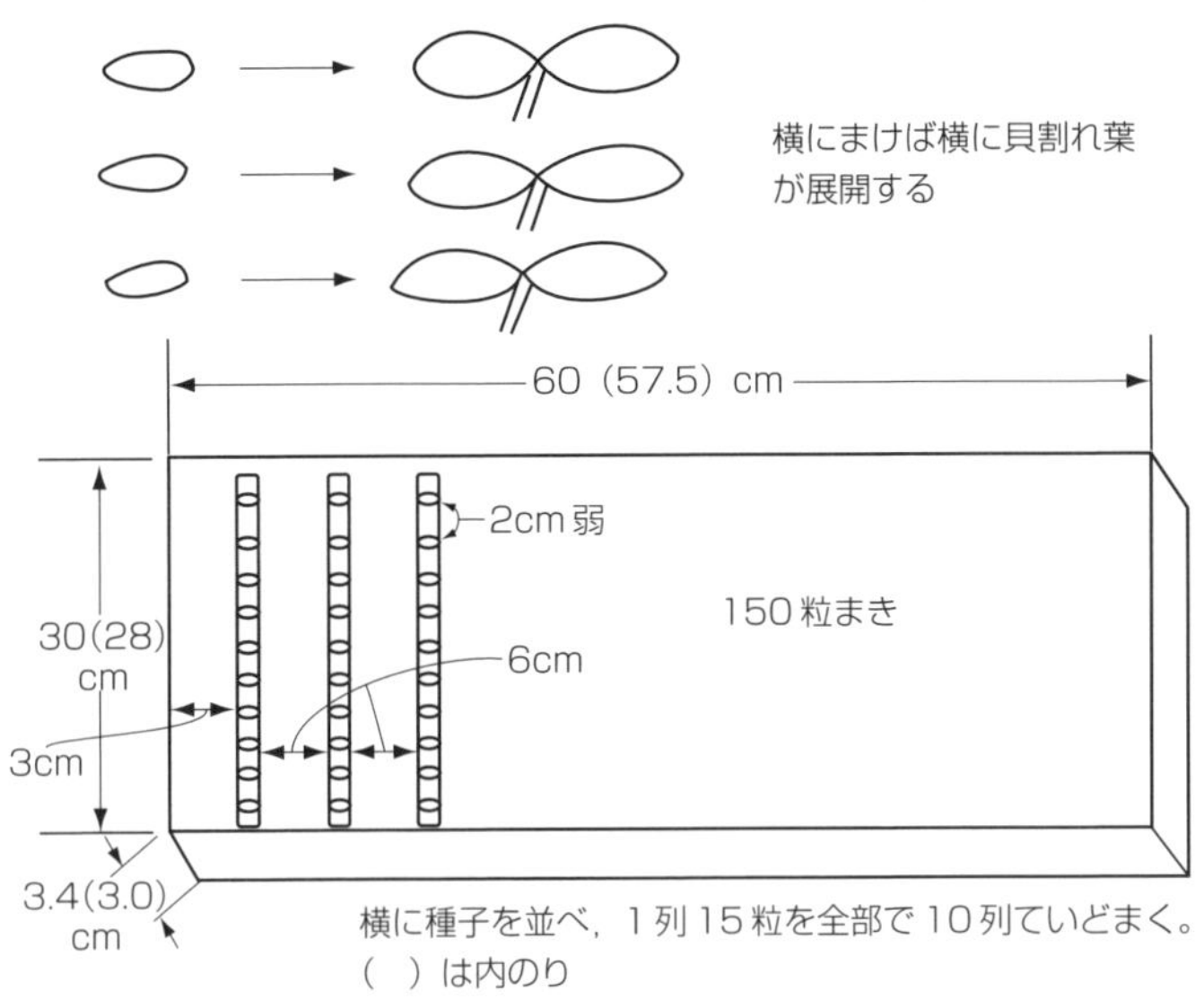

第2−8図　苗箱でのメロンの種子のまき方

★発芽直前の温度調節が苗質を左右

種まきを今日午後に行なったとすれば、中二日おいた四日目（三日後）の早朝に発芽する。発芽前は床温を確実に三〇℃に保ったほうが発芽はよく揃う。そして、地上部に姿を見せる直前（前夜）に新聞紙の覆いを取り、床温も前夜に三〇℃から二七℃に下げ、翌早朝二四℃に下げていくと、軟弱徒長を避けるのに有効である。芽が地上に出てからようやく床温を下げるようでは、徒長防止には完全に手遅れである。

また、発芽前夜に地温を下げ、覆いを取っておくと、早朝のやわらかい光線を受けるので、遅い被覆除去で突然強烈な直射光線に当たることを防ぐことができる。したがって、緑化もうまく進む。

発芽適温と発芽後の生育適温は異なる。短時間で発芽温度を生育温度に切り替えること、完全発芽前夜に覆いを取り緑化をスムーズに行なうことが、徒長もなく揃いのよい苗を育てる要訣である。

★発芽率より発芽勢が重要

種子の発芽について発芽率と発芽勢という言葉がある。発芽率も大切だが、もっと大切なのは発芽勢である。発芽はしても日数をかけてダラダラと芽を出すような発芽の仕方は、発芽勢がわるいという。このダラダラと発芽する原因の一つは種子の発芽勢の低下である。メロンの種子は寿命は長いが、低温・密封の環境で保存しないと発芽勢は落ちてくる。また、三〇℃より低い温度で発芽させたり、覆土にムラがあったり、鎮圧が不足している場合も、同様に発芽勢が低下する。ダラダラ発芽はいつ覆いを取るかが難しくなり、軟弱徒長の原因にもなる。覆いを取るのが遅れると緑化も遅くなるが、覆いを取った途端に強い光を当てることはかえってマイナスになる。

発芽時の問題は、①発芽勢の低下によるダラダラ発芽、②高温・多湿による徒長発芽、の二点である。皮かぶりもあるが、これは発芽勢のよくないときに起こりやすい。

★子葉展開直後に鉢上げ

播種後七日＝発芽後四日、子葉（貝割れ葉）の完全展開直後に大鉢（直径一〇・五～一三・五センチ鉢）に移植する。なるべく早く鉢を移植床に並べて、鉢土を二六～二八℃に上げておくと、活着しやすい。定植条件がわるいときは、移植後四〇日もおく場合があるので、促成作型では大鉢が安全である。

いったん直径五～六センチの小鉢に移植して、しばらくたってから大鉢に移植したほうが、活着や根張りがよく、また育苗面積が急に大きくならないという利点もある（二段鉢上げ）。たしかに根張りの弱い品種には根群を増加させる有効な手段だが、通常の品種ではとくに二段鉢上げをしなくても正常に生育する。

なお、夏の育苗では六センチ径の鉢でよく、本葉一葉半ていどの時期に定植する。前述したようにセル成形苗の利用も有効である。

★鉢上げ後の展開葉をそろえる

地這い栽培では、最近はほとんど子づる（主枝）二本の二本仕立てが多い。親づるは本葉四葉で摘心を行ない、各本葉のわき芽として出てくる四本の子づるのうち、均等な生育の二本を選んで主枝にするのがふつうである。

しかし、鉢上げ後の生育が均等にいかない場合は、展開葉の大きさが各節で違ったり、節間の長さにちがいが出てきたりする。このような状態になると、各節から出る子づるも均等な生育を示さないことが多い。鉢上げ後の生育が均等にいくように施設全体の灌水、換気などの管理を、晴天なら八時、曇天や寒い日は遅くというようにして、日によって大きく変化させないことが重要である。とくに、部分的な換気は不斉一な生育を招きやすい。

★低温伸長性と耐低温性は一致しない

筆者の長年の観察結果では、低温伸長性と低温に強いということはかならずしも一致しない。比較的低温でもすくすく伸びる品種が、霜害などに強いかといえば、かならずしもそのようなことはなく、かえって伸長のわるいガッチリ型のほうが低温（寒害・霜害）に強いようである。こうした品種のほうが、節間は短く、かつ節間長は同一であり、また本葉の大きさも揃いやすい。

育苗期は加温も可能なのでガッチリ型の品種のほうが徒長もなく扱いやすいが、定植後、十分な保温が可能ならば低温伸長型の品種も十分利用性がある。

★鉢上げから定植までの管理

①温度管理

鉢上げして活着したら、気温は昼温二四〜二五℃、夜温一七〜一八℃を目標に管理する。地温は二〇℃（昼夜温とも）でよい。定植二〜三日前から地温・気温とも二〜三℃下げて馴化する。高温期は育苗期間も短く、とくに冷房などの低温処理は行なう必要はない。

②灌水管理

低温期の育苗では、朝の灌水を十分行ない、朝入れた水が夕方おおむね乾くくらいにし、夜間はあまり湿度をもたせないようにして、軟弱徒長を避けることが水管理の要訣である。

低温期は灌水の水量を控えめにし、灌水の水温も二五℃は確保したほうがよい。多灌水は根の活力を弱め、土壌病害にもかかりやすくなる。高温期はふつうの水道水をそのまま利用して差しつかえない。

★摘心して子づるの生長点を確認後定植する

地這い栽培の子づる二本仕立てで、早春まで施設内の密閉トンネルに定植する場合、大鉢を利用して苗床で親づるは本葉三〜四葉で摘心し、揃った子づる二本を残し、子づるの生長点を確認してから定植する。そうすると、定植後芽かきをする必要がないので省力化がはかれるし、子づるの生長点を確認してから定植するので発根もよい。また、摘心のために定植間もない施設内のトンネルをあける必要もないので、低温にさらす心配もなくなる。

★育苗期の薬剤散布

種子消毒は、最近ほぼ完全に消毒された種子が販売されているので、農家個々の消毒の必要は少ない。冬春作はまだ低温期であり、夏作は育苗期間が短いので、メロンが苗床で病害虫の被害を受けることは少ない。しかし最近は、各種病害虫が意外に早く発生することが多い。したがって、予防的に一〇日に一回くらい薬剤で防除することが望ましい。

通常ダコニール１０００（フロアブル）一〇〇〇倍液＋トレボン乳剤二〇〇〇倍液の混用で、冬春作では一〇日に一回くらい、夏秋作も育苗期間中一回、いずれも鉢上げ後に予防的散布を行なう。

(4) 接ぎ木の必要性と方法

★ねらいはつる割病対策と根の活力アップ

現在のメロン品種、とくに府県で流通している品種は、ほとんどつる割病レース０、２に抵抗性である。しかし、中心的に流通している品種の中には抵抗性のないものも見られる。府県流通の「プリンス」「アムス」、北海道流通の「北海道キング系メロン」「I－K」「キングメルテー」「キングルビー」などは罹病性である。これらの品種は、つる割病菌のあるところでは、接ぎ木をしないと栽培が不可能である。したがって、品種採用に注意するとともに、接ぎ木技術にも精通する必要がある。

また、接ぎ木の目的はつる割病の防除だけでなく、根の活力を高めるために、つる割病抵抗性品種でも根の活力にすぐれた別の抵抗性品種に接ぎ木することもある。

★つる割病新レースの抵抗性台木も登場

以前は「弱勢カボチャ」台や「トウガン」台に接いだこともあったが、最近は相性がよい耐病性メロンに罹病性メロンを接ぐ共台の利用が多い。この共台にも強勢、中勢、弱勢がある。

台木メロンは穂木メロンの栽培特性に合わせたものを選択しなければならない。最近は種子が大形で胚軸が太くなりやすい「バーネット・ヒル・フェボリット」種を片親にしたF_1台木が増加してきた。

なお最近、新しい系統のつる割病レース１・２Y抵抗性の台木として、北

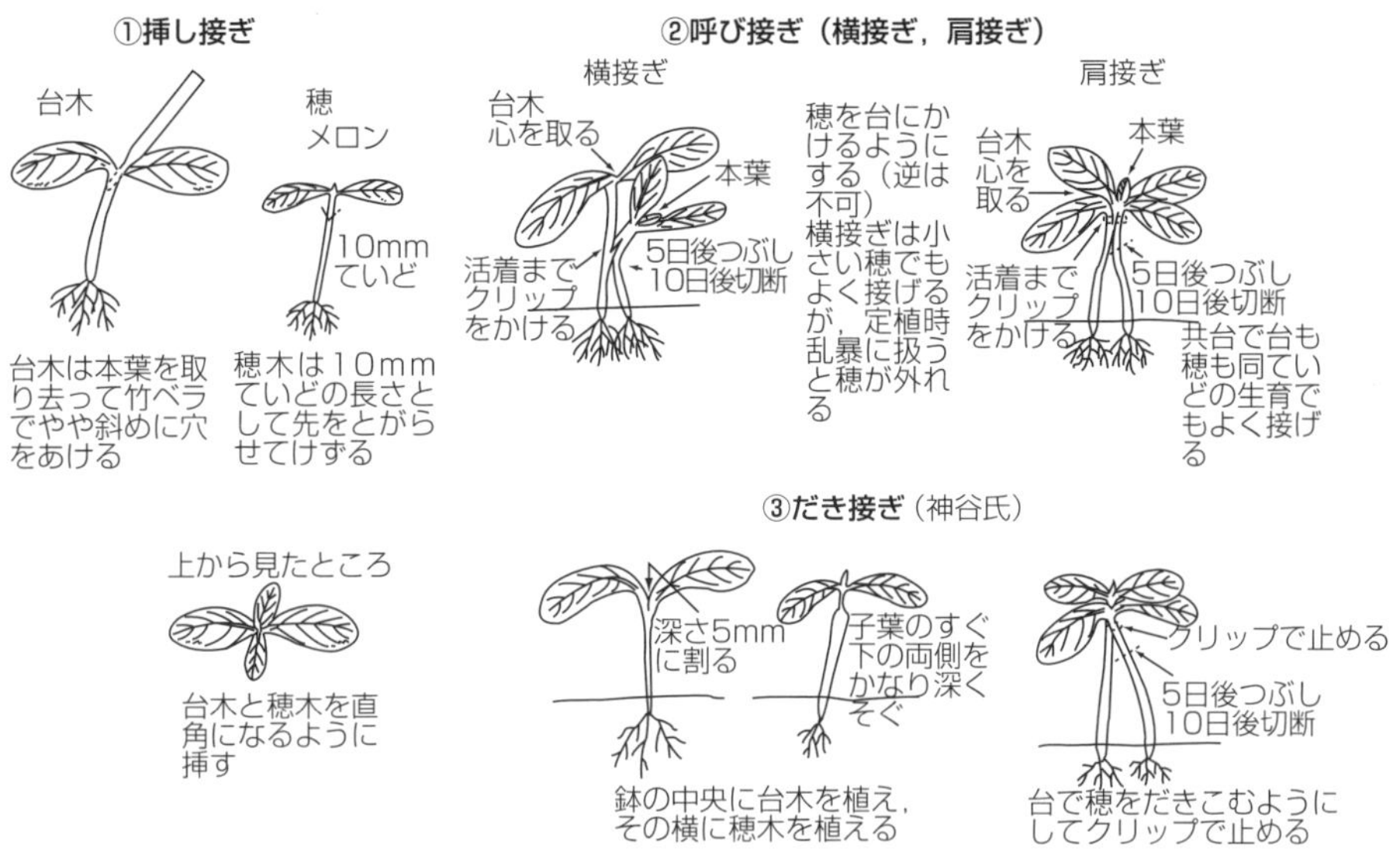
①挿し接ぎ
台木
穂
メロン
10mm
ていど
台木は本葉を取り去って竹ベラでやや斜めに穴をあける
穂木は10mmていどの長さとして先をとがらせてけずる
上から見たところ
台木と穂木を直角になるように挿す
②呼び接ぎ（横接ぎ，肩接ぎ）
横接ぎ
台木
心を取る
本葉
活着までクリップをかける
5日後つぶし
10日後切断
穂を台にかけるようにする（逆は不可）
横接ぎは小さい穂でもよく接げるが，定植時乱暴に扱うと穂が外れる
肩接ぎ
本葉
台木心を取る
活着までクリップをかける
5日後つぶし
10日後切断
共台で台も穂も同ていどの生育でもよく接げる
③だき接ぎ（神谷氏）
深さ5mmに割る
子葉のすぐ下の両側をかなり深くそぐ
鉢の中央に台木を植え，その横に穂木を植える
クリップで止める
5日後つぶし
10日後切断
台で穂をだきこむようにしてクリップで止める

注意：作業は鉢に植えたまま行なう

第2－9図　接ぎ木の要領

海道立花き・野菜研究センターで「ドウダイ二号」（空知台二号）が育成された。「バーネット・ヒル・フェボリット」が片親に使用されていることから、胚軸が太いので接ぎ木がやりやすく、また従来型のつる割病にも抵抗性である。

★接ぎ木の方法

接ぎ木栽培でもっとも多いのは挿し接ぎ、呼び接ぎ、だき接ぎで、共台の台木は一週間早く播種する。また、呼び接ぎ（横接ぎ、肩接ぎともいう）では、穂木と台木の大きさや太さは同一でよく、同時播種で行なわれている。第2－9図に接ぎ木のやり方を示した。

近年は接ぎ木機械も開発され、大規模栽培では接ぎ木機械の利用も多くな

第2－10図　大規模栽培では接ぎ木機械を使用して接ぎ木を行なう

っている（第2－10図）。

(5) セル成形苗の育苗方法

セル成形苗の育苗といっても、とくに鉢育苗と変わりはないが、高温期は直接成形ポットに一粒ずつ播種することもある。低温期、催芽床を別に設けるときは、一昼夜で発根が始まったら、直ちにポットに移植する。また、くれぐれも老化苗にならないように注意する。

セル穴のサイズで育苗日数は左右されるが、伊藤によると抑制栽培では、一二八穴で一〇日、九八穴で一三日、七二穴で一六日前後が目安という。催芽、移植の場合は、別に播種床をつくり、一昼夜で催芽・発根させ二八～三〇℃で発芽させる。

一般にセルに用土を詰め十分給水させてから、二四時間内に催芽種子をセル内に移植する。当初は二八℃、発芽後は日中二五～二八℃、夜間二〇℃で管理する。

第２－11図　高温期のセル成形苗の育苗経過と管理
注．立ち栽培用，鉢上げには6cm鉢使用

2、定植の準備と作業

(1) 定植準備のための資材と作業

★ハウス内の換気と光線透過に注意

無加温の場合、暖地でも真冬の定植は四重被覆が多い（第1－18図参照）。「施設そのものの被覆＋施設の内張りカーテン＋ハウス内トンネル二重」がふつうで、水封マルチも併用されている。いずれにしても、晴天時の昼間には温度が急速に上がってくるので換気は十分注意しなくてはならない。

被覆が四重にもなると、換気や光線透過のための処置は怠りがちになるが、内部トンネル二重掛けの外側は保温力がまさるということで古ビニールを使用することが多い。内張りは張ったままにしても、二重のトンネルは、まめに開けたり閉めたりすべきである。また、古ビニールでなく、長繊維不織布（「パスライト」など）を使用することも多い。この場合、保温性は向上するが、光線透過をよくするために開けすぎると温度が下がり、逆に二重、三重のままだと光線不足になるので、天候に十分注意して開閉する。

★マルチ資材と使用方法

太陽光線が豊富な地帯では、水封マルチ（第1－20図）の使用が絶対に有利である。水封マルチは、昼間太陽熱を吸収して夜間放出する。常時水を入れておくので、耐久力のある資材を使用したい。なお、水封マルチは生育があるていど進んでも、株や葉の下にならないよう、できるだけ光線の当たるところに置くようにしたい。

マルチには、透明なポリエチレンを使用することがもっとも多い。また、古ビニールを使用することもあるが、とくに問題はない。緑青色のセラミックマルチはやや高価だが、保温と雑草防止を兼ねられる。白色にアルミ箔の横線が入った、アブラムシの活動を抑えるようにしたものもある。

高温期は、地温の上昇抑制とアブラムシの予防のため、シルバーマルチを使用することが多い。また、中間温度期に黒マルチを使用することも多いが、黒マルチは雑草防除効果は十分だが、保温効果に乏しい欠点がある。

★連作地では必ず土壌消毒を

連作地では、土壌伝染性病害の防除のために、太陽熱利用や薬剤利用の消毒が行なわれる。連作地はいくら気をつけても、土壌伝染性の病害菌がまん延することが多い。とくに最近問題になっているのは黒点根腐病と紅色根腐病である。

黒点根腐病は、一部のアールス系メロンに発病が多くなってきている。菌の所在がやや深いところにまで及ぶので、バスアミド（ガスタード）微粒剤の効果が薄いといわれているが、微粒剤を散布後、耕耘機でできるだけ深く撹拌した後、下まで浸透するように十分灌水する必要がある。

紅色根腐病は、夏季高温期の太陽熱消毒で防除可能である（詳細は巻末付録「4、病害虫の症状・被害と対策」参照）。

★メロンの肥料吸収量に合わせた施肥方法

①緩効性肥料の全量元肥施用が効果的

メロンは、収穫時に肥料が効きすぎていると、甘味が不足して発酵も起こしやすい。徐々に窒素分を供給して、最終的には窒素過多にならない施肥がもっとも良質のメロンを収穫できる。

したがって、メロンの肥料吸収曲線（第2－12図）にあった窒素分を放出する緩効性肥料を全量元肥として、全園全層に施用するのがもっとも省力的で効果的な施肥法である。メロンはマルチ下の追肥がかなりしにくく、へたに追肥を行なうことで品質のわるい果実を収穫してしまうことがあるので、この面からも緩効性肥料の全量元肥施用をすすめたい。

最近、有機質肥料の利用が盛んであるが、生有機質肥料は緩効性だが、ガス害の恐れがあり、本ボカシ肥（完全に分解したもの）はメロンに対しては速効的に効きすぎる。

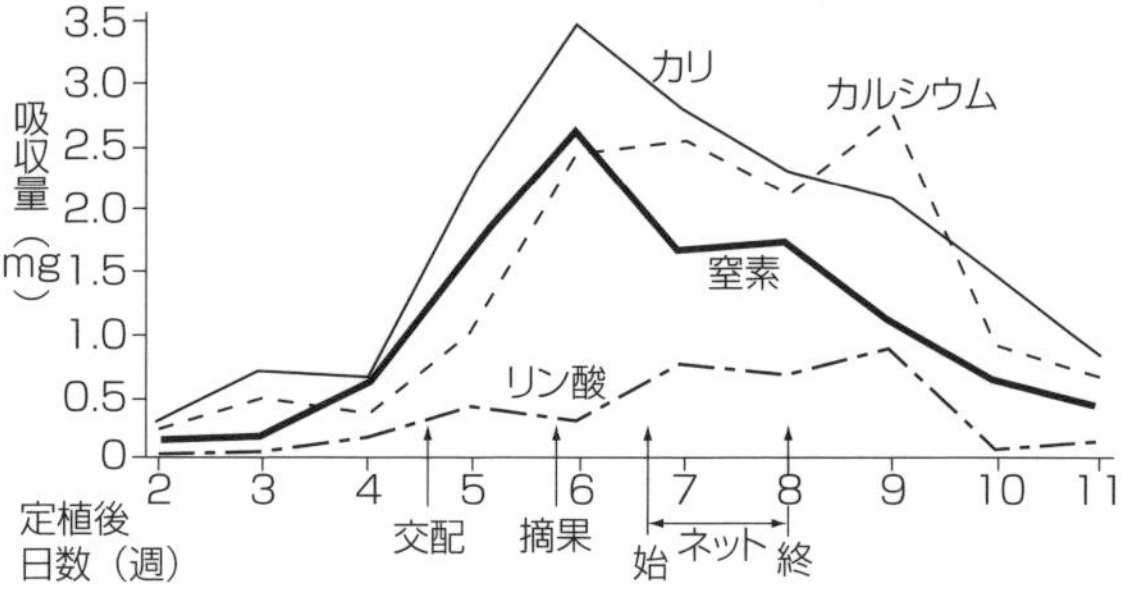

第2－12図　ステージ別養分吸収量

（近藤原図）

これらの問題点を踏まえて、筆者の考案した全量元肥用の肥料設計を第2－3表に掲げる。「EXスミカエース14」は硝酸化成抑制剤（DCS）を十分（アンモニア態窒素＋ウラホルム態窒素に対し四・三五％）含んでいる。このDCSの効果で、肥料を緩効性にするだけでなく、併用する一〇〇％有機質肥料（カリ分は無機質でも可。網中の「アニマル肥料」、三興の「横綱一号」、中部飼料の「バイオペレ」などが発売されている）のガス化も抑え食味も向上する。また、この設計は「減化学肥料」の規格にも入る。この施肥は有機質を含め定植の五日前の施用で十分安全である。また、追肥に使う硝酸カルシウム液肥は低温時定植の施用にも有効である。

②株が弱ったときは硝酸カルシウム液肥を追肥

全量元肥栽培でも果実の肥大期などに株がやや弱ることがあり、一時的に草勢を強めたい場合に硝酸カルシウム

第２－３表　施設内で生有機質肥料を利用してもDCSの力でガス害を防止する施肥設計（早春作）　　（10a当たり）

肥料名	総　量	元　肥	追　肥				三要素成分量		
			第1回	第2回	第3回	第4回	N	P_2O_5	K_2O
	kg	kg	kg	kg	kg	kg	kg	kg	kg
硝酸カルシウム肥料	10	10	全	量	元	肥	1.5		
EXスミカエース14（スーパーファームキング）	45	45					6.3	6.3	6.3
100％有機配合肥料	120	120					7.2	10.8	4.8
施用期 施用方法		定植７日くらい前にマルチ下全層施肥					計 15.0	17.1	11.1

注
①「EXスミカエース14」
　この施肥設計の主要肥料である「EXスミカエース14」（住友化学製，１袋15kg入り＝N成分2.1kg）（別名「スーパーファームキング」）は，筆者が設計した緩効性肥料の一種である。オール14で別にマグネシウム，マンガン，ホウ素も含まれている。窒素14％のうち硝酸態窒素2.5％，アンモニア態窒素6.5％，緩効態のウラホルム態窒素５％を含有。また硝酸化成抑制剤の一種DCSを，アンモニア態窒素＋ウラホルム態窒素の4.35％含んでいるので，100日ていどの肥効の持続力がある。

　メロンの全量元肥に最適の肥料というだけでなく，トマト「桃太郎」，スイカ，イチゴ，ユリの全量元肥栽培に最適である。

　有機質肥料と大変相性がよく，DCSには根張りをよくしたり，生有機のガス害を抑えて有機質肥料の肥効を促進する働きがある。有機質肥料だけの栽培よりはるかに栽培しやすくなる。

　完全有機質肥料をN成分量で50％混用することにより，減化学肥料栽培も実践することになる。
②この設計に用いる他の肥料
・完熟堆肥と石灰資材は慣行どおり施用する。
・100％有機配合は今までによい成績をあげたものに，たとえば「横綱１号」（三興）と「バイオペレ」（中部飼料）がある（表中の成分量は「横綱１号」で示してある）。有機は原料がしっかりしたものであれば，とくにここでは指定しない。
・硝酸カルシウム肥料を併用したのは，低温時の肥効を促進するためである。したがって高温期には硝酸カルシウム肥料は不要。市販の硝酸カルシウム肥料には「カルダッチ」「ノルチッソ」「カルパック」などがある。

肥料が使われる。硝酸カルシウム肥料には普通肥料として「カルダッチ」「ノルチッソ」「カルパック」などが市販されている。

　しかし液肥とした方が使いやすいので「スミライム」（七％液肥）や水溶性の「ノルチッソ」もある。これらはすべて硝酸態窒素なので元肥のDCSの効果をさまたげることはない。液肥混入器で灌水と同時に施用する。窒素成分は一回に一キロ未満とする。

★灌水チューブはドリップの必要はない

　大部分の産地でマルチ下に灌水チューブを張るのが常識になっている。ハウス栽培には必需品であり、トンネル栽培でも大部分の産地で導入されている。

　マルチ下の灌水チューブには、い

ろいろの銘柄があるが、水が平等に散布されるようであれば、どの会社の資材を使用しても差しつかえない。以前メロンはドリップ灌水が多かったが、スミチューブやエバフローなど一カ所に水が落ちるていどのもので十分である。

灌水資材にはストッパー、液肥混入器などの資材も必要になる。灌水チューブによって有効灌水距離、傾斜地の利用性などが異なるので、販売店に特性を十分確認して使用する。

もっとも簡単な水道ホースを直接入れた灌水装置

第２－13図　灌水チューブ

★抑制栽培でアブラムシの侵入を防ぐ手段

抑制栽培では有翅アブラムシ（ウイルスとくにＣＭＶ〈キュウリモザイクウイルス〉を伝播）の侵入を防ぐために、三〇〇番の寒冷紗でサイド全体を覆う。アブラムシの防除には薬剤も有効であるが、ウイルスの伝染は、アブラムシが薬剤で死滅するより早いといわれているので、侵入を防ぐのがポイントになる。

とくに、海岸砂丘地などを除き、五月から八月にまくメロンは、定植後にＣＭＶの被害を受けやすいので、有翅アブラムシの侵入を防ぐために、施設の換気用窓、入り口などを寒冷紗で完全に覆うようにする。

第２－14図　抑制栽培では有翅アブラムシを防ぐために寒冷紗を側面に張る（遮光ではない）

★除草剤は早めの散布で薬害を防ぐ

除草剤は薬害を防ぐためにも、早めに散布しておいたほうがよい。通常

「トレファノサイド」や「クレマート」が使用されるが、双方の注意点をあげておこう。

「トレファノサイド」はガス化し、その害を受けやすいので、直ちにマルチを張ってもよいが、マルチ切りと植え穴掘りを早めに行ない、十分ガス抜きをする。しかし、寒冷期はマルチ切りを行なうことによって地温を下げてしまう。この場合なるべく早く畦をつくり、早め（定植二週間前）にトレファノサイドを散布して、ガス抜きが終わってからマルチを掛ける。

「クレマート」は蒸気圧が低いので、ガス害の心配はないが、散布面が定植後の茎に直接接触すると、部分肥大などの薬害を生じることがある。定植時に、植え穴周辺の表土をはねのけかき回すていどで被害を防げる。

★トンネル栽培での保温資材と圃場の準備

準備する資材は、二二〇センチの被覆用ビニール、早期定植はトンネルの外部保温資材（コモまたは「タフベル」など）。また、トンネルを支える支柱、押さえの太めのヒモと止め金、マルチ資材、除草剤、灌水資材（灌水チューブ、ストッパー、液肥混入器）。二重トンネル保温をするときは、長繊維不織布（「パスライト」など）を用意する。

なお、通常のトンネル栽培では水封マルチをほとんど使用していないが、ベトコンに近い大型トンネルでは、保温用に使用することもある。

トンネル栽培でのうねの立て方、仕立て方、施肥法を第2－15図にしめす。

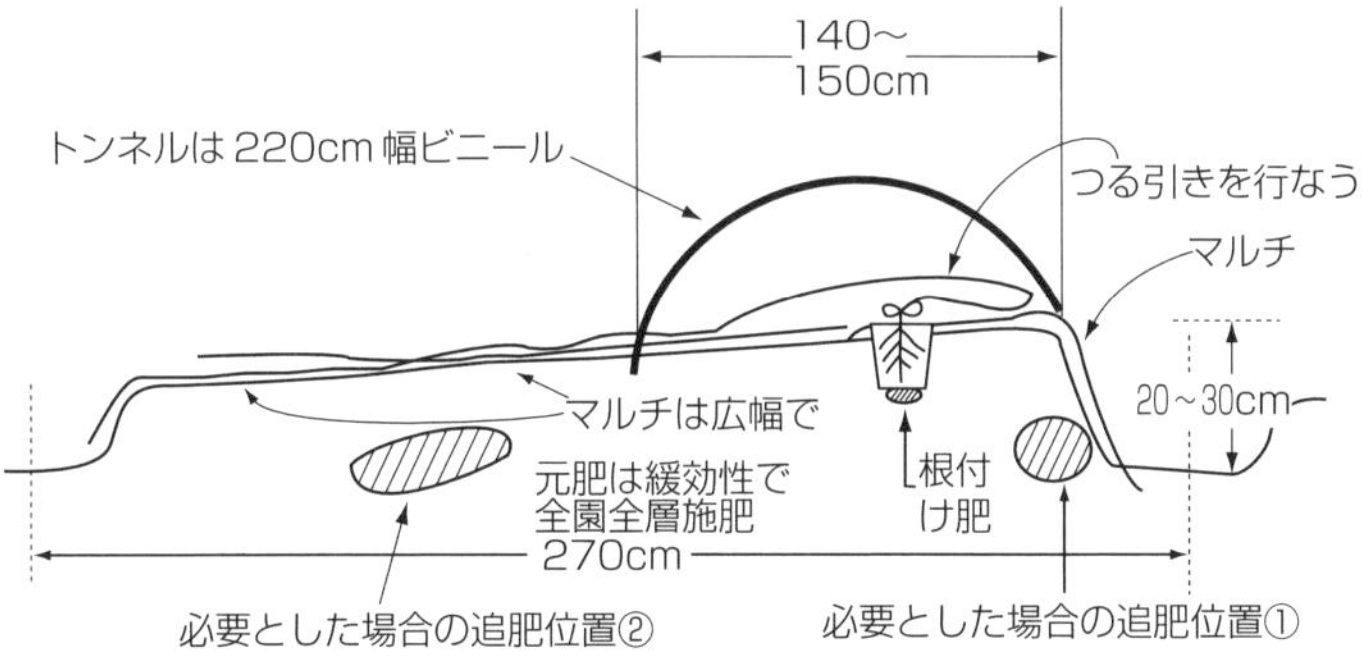

第2－15図　トンネル栽培のうね立て，仕立て方，施肥法

注．・施肥は「EXスミカエース14」のような緩効性肥料で，標準窒素成分10a当たり15kgで全量全園全層施肥とする（慣行の追肥を行なう場合は，①②の位置にマルチをはいで行なう）
・うねの高さは排水不良のところでは株元で30cm，排水良好のところでも20cmはほしい。湿害はメロンの大敵となる。
・つる引きは，生長点を揃えて横一線に着果位置を揃えられるようにすることと，トンネル下に着果させて果実を直接雨にあてないようにするために行なう。

(2) 定植時の作業と管理

★苗を定植後の環境に慣らす

冬から早春の低温期定植では、暖かい環境から急に寒冷の環境に苗をさらすので、苗床をしだいに低温環境にしていくことが重要である。定植前の苗の馴化は、とくに低温環境時に定植しなくてはならない場合や、暖かい育苗ハウスから、急に加温設備のない施設に定植することで、強い植え傷みを起こすのを防ぐために行なう。

この馴化は季節によって異なり、育苗時と同一ていどの環境の加温施設に定植するときは、ほとんど馴化の必要はない。加温ハウス育苗の苗をトンネルに定植するときは、環境変化が著しいので苗の馴化がとくに必要である。

一方、夏季はそれほど注意すべきことはないが、ひどく乾いている状態のときは水を切らさないように注意する。定植前の事前灌水も必要で、また苗はたっぷり水につけてから定植するのがよい。

★冬の定植は暖かい日に

定植は、静かな暖かい日に行なうのがもっともよい。温暖な日の午後がもっとも定植に適しているが、寒冷期は日も短く贅沢をいっていられないので、午前九時ころから行なうこともやむを得ない。しかし、風の強い日は、葉面からの水分の蒸発がはなはだしく、しおれやすいので絶対に避ける。

低温時の栽培では大鉢育苗の採用で、天候による定植日の変更が可能になる。

マルチは定植の五日くらい前に早めにかけておき、一〇センチ下の地温が一四℃以上にしておく。マルチ施用後、五日目を目標に定植を行なえば、地温は十分に上昇していて活着もよい。

★株の配置と栽植密度

①立ち栽培

温室メロン（「アールス・フェボリット」）および「アールス系メロン」の立ち栽培では、一株一果着果が原則。促成、半促成栽培では、うね幅一〇〇センチ×株間三八センチの場合、一〇アール当たり二六〇〇株植えとなる。この場合、一果一・三キロとして約三四〇〇キロの収量となる。抑制栽培のアールス系メロンではこの七〇％どまりとしたほうが無難である。

②地這い栽培

ハウスメロンの地這い栽培では、以前はいろいろな定植方法があったが、最近は二本仕立て四果着果、うね幅平均二四〇センチ×株間六〇センチとして、一〇アール当たり約七〇〇株ていどの栽植密度に統一された観がある。

上記の密度を基本として作期・作型により、また果重などによる着果節位の調節などによって栽植密度も変わってくる。栽植密度の差により定植株は六五〇株から七五〇株の間になり、四果着果として二六〇〇果から三〇〇〇果になる。早期栽培（無加温促成栽培～半促成栽培）で一果一・〇～一・二キロとして一〇アール当たり二六〇〇～三六〇〇キロの収量になり、一割不良果としても一〇アール当たり三〇〇〇キロ以上の収量を確保できる。

★低温期の定植方法と施肥、水管理

①定植の方法

定植は、まず植え穴を掘り、十分水に浸した苗をうね面と水平に植えて周辺の土で軽く土寄せする（第2－16図）。

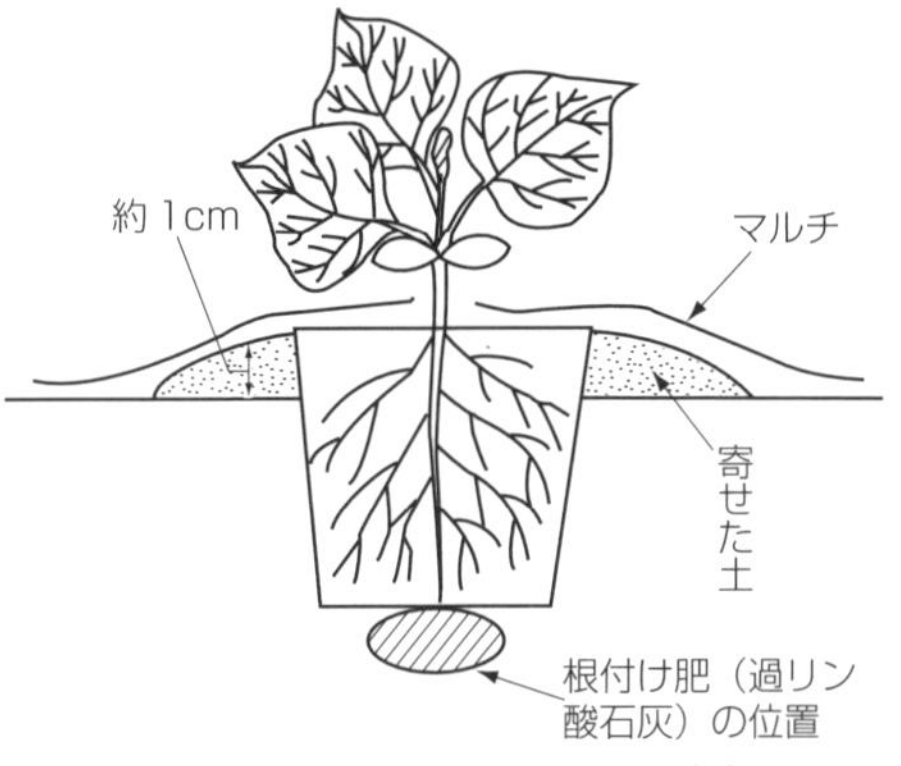

第2－16図　鉢苗の定植の仕方

定植作業は同一施設内の作業は中断することなく、最後まで植え終わるようにしたい。

②リン酸の効用

寒い時期の定植では、植え穴に過リン酸石灰を軽く一つまみ施用する。これにより耐寒性を増し、活着をよくする。なお、火山性の土（黒ボク土・火山灰土）では、作物の生育を阻害するアルミニウムの活性化を防ぐため、とくに有効態リン酸の少ないところでは、第2－3表（六七ページ）の全園全層の施肥設計にリン酸分を多めに入れるようにする。

また、施肥のところでも述べたが、硝酸カルシウム液肥の施用も効果的である。

第2－17図　立ち栽培（単条植え）での定植作業

③定植時の灌水の方法

低温期の定植では、容器（両端に取ってがあり、買い物カゴのような編み目または穴あきのもの）に鉢を並べ二五〜三〇℃の微温水に、容器ごと温水浸漬してから植え付けるようにする。なお、定植した周辺の土を固めないために、植え付け後の株元灌水は行なわない。定植前の温水浸漬は活着には有効な手段だが、かならず立枯れ疫病などの菌のない水を使用する。できれば上水道の水を加温したものがよい。多量に温水浸漬をするときは、専門の水桶と底が網目のような金属性の鉢を乗せる容器を用意する。浸漬といっても、鉢の土面一〜二センチ下までザブンと浸ければよい。

植え穴が乾いているようであれば、植え穴にも温水の灌水を行なう。そのとき、十分な灌水が施されていれば、定植後の灌水は不要である。株の上またはそばでも、上からのジョウロなどを使った灌水は、表土を固めてしまい活着を遅らせる。

なお、抑制栽培など高温時の定植では、お湯ではなく水を使うことは当然である。

メロンの根は、水が十分存在するところに伸びていき、適当に吸水を始める。水の多すぎるところにも近づかない性質を持っている。したがって、活着後はチューブ灌水で十分である。

④晴天時の換気の注意

定植直後、晴天の朝遅く換気を行なうと、被覆内の温度や地温が急上昇して、とくにトンネル栽培ではメロンの株がしおれてしまう。しかし、しおれたからといってあわてて株元灌水を行なうと、株元の土を締めてしまい悪循環に陥る。このようなとき、あわてて株元灌水するより、黒寒冷紗などで強い光線を遮蔽するほうがよいが、翌日からは朝八時ころにはかならず換気するようにする。

★地這い栽培の摘心

地這い栽培の場合、苗床で本葉四枚摘心や二本整枝を完了した苗の定植をすすめてきたが、この作業が終わっていないときは、定植後活着を確認して、温暖、晴天、無風の日を選び、なるべく早く完了させたい。

従来は、活着後に摘心・整枝が行なわれていたが、筆者は省力と保温（とくにトンネル栽培）のため、苗床での摘心・整枝をすすめている。

3、定植後の草勢診断と生育調節

(1) 栽培目的にあった草勢に

★草勢に二つのタイプ

メロンは品種によって独特の特性があり、いちがいに草勢診断で生育を判定するのは、問題が多い。しかし、ハウスメロンの比較的流通の多い品種についての目安を解説する。

一般に幼苗期や、定植直後の生育初期では、ほとんどの品種では切れ込みの少ない丸形の葉である。その後、つるがどんどん伸びるようになると、品種によって葉形はかなりちがってくるが、大きく二つのタイプに分けられる。葉の切れ込みが浅く、葉形や葉柄が大きく節間も長く伸び伸びした生育のタイプと、葉の切れ込みが深く小形で葉柄も短く、節間も短めになり、はなはだしい場合は先端の節間が短すぎてカンザシ状になるタイプである。

★目標は伸び伸びタイプの草勢

前者のタイプでは、栽植密度も粗く、施肥、灌水が適当であれば、その品種としてもっとも望ましい生育になり、雌花（両全花）も力強く、果実も大果につながる。早春の収穫で、できるだけ大きな果実を得たい栽培にはもっとも望ましい生育のタイプである。ただし、品種によっては「オトメ」のように、伸び伸びと生育させていても伸長期にかなり葉の切れ込みがでるものもある（一七ページ第1－3図参照）。この場合は品種の特性なので、伸び伸びと生育していれば管理がわるいとはいえない。

このように最初から伸び伸びと生育させるためには、以下のような点に注意することが大切である。

①まず育苗期から環境をよくしてガッチリした苗を育てる。また、老化苗にしない。

②定植を温暖な日に行ない、活着不良にならないような灌水方法をとり、生育初期に水分不足にならないようにする。

③定植してからは低温管理にしない。また、無理な蒸し込みを行なわず、ホルモン剤にも頼りすぎず、寒冷日の保温、温暖日の換気をマメに行なう。

④あまりにも施肥量が少なすぎて、十分栄養生長させなければならない生育初期に、生長が不十分ということの

ないようにする。

このように、管理の総合的な結果が株の生育状態と果実に現われるのである。

注意しなければならないのは、密植状態で、一見、上記に似たタイプの生育を示すこともあるが、よく観察すると施肥と灌水の過剰で、葉色は濃いが、葉の厚さは薄く、雌花（両全花）の力も弱いので判断できる。

★大果種を小さめに仕上げる草勢

しかし、逆に大果種を小さめな果実に仕上げたいときには、管理がちがってくる。以前、本来大果種の「エリザベス」を「プリンス」なみの小果に育てるため、節水、少肥、強整枝の栽培を指導されたことがある。この栽培は極端に行なわれたために果実の糖度上昇期に株が萎凋しやすく、たしかに問題がある栽培法であった。葉が小形で葉柄も短く、節間が短めな生育をさせることは大果収穫には向かない。しかし、このような生育が、萎凋その他の障害がなく、少肥、節水、低温気味、あるていどの強整枝の管理でもたらされたものであれば、大果すぎる品種を小果に育てるための一つの技術である。

ただし、小葉で生長点がカンザシ苗状になるようでは本来の栽培でない。これは前述の

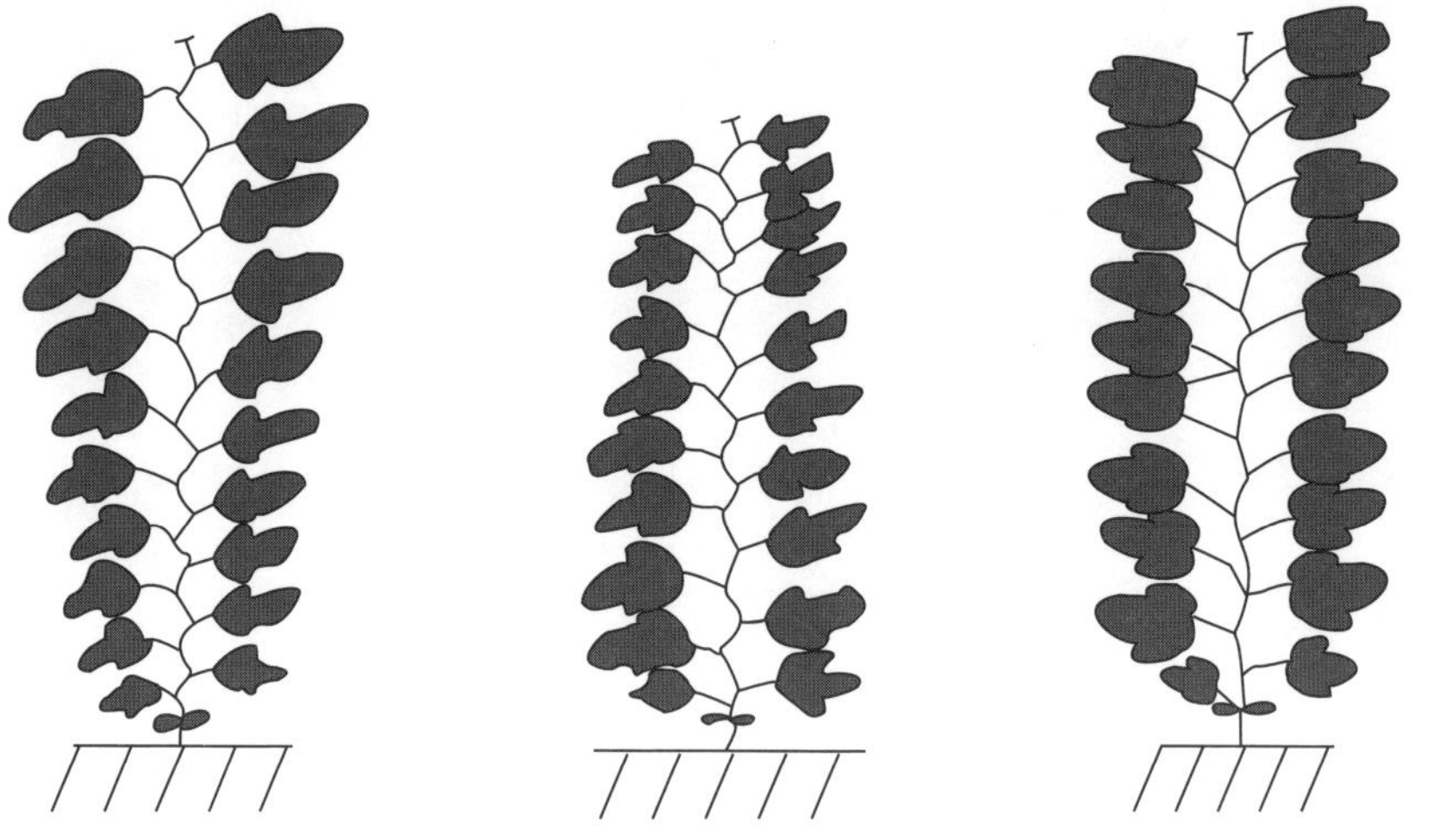

①上位葉ほど大きくなる
低温管理が途中で改善されたときや過度の追肥

②上位葉ほど小さくなる
途中で草勢が落ちたことの現われ。灌水不足，肥料切れなどで起こる。葉面積不足で小果になりやすい

③バランスのとれた生育
各葉は大きすぎず小さすぎず，下位葉から上位葉までほぼ同じ大きさに育っている

第2－18図　1株内の生育バランスの診断（果実の図は省略）

①〜④の注意点を守らないことによって生じるもので、大果種の小果化とは別物である。育苗から管理不良の老化苗、定植時の活着不良などの要素が原因であることが多く、単に小果で終わるということだけでなく、生産力不良、品質不良というマイナスの要因になってしまう。

(2) 株元から先端までそろった生育

葉が大きすぎず小さすぎず、下位から上位までほぼ同じ大きさでそろっていれば、生育初期から問題なくスムーズに育っており、バランスがとれた理想的な生育といえる。

それに対して、下位葉に比べて上位葉が小さくなっているのは、途中で草勢が落ちてきた証拠である。この場合は、葉面積不足で小果になりやすい。また、葉面積が小さくなる分、若干摘心節位を高くする。

逆に下位葉が小さく上位葉が大きくなるのは、低温管理が途中で改善されたか、過度の追肥をしたときなどに見られる。この場合は、栄養生長型になりやすいので危険である。灌水を若干抑え込んで改善をはかるが、いったん施しすぎた肥料は抜くわけにはいかないので、「クロロゲン赤」のようなPK液肥を施用して栄養生長型を抑える。

(3) 毎日の観察が最良の生育調節

草勢の診断観察は、毎日メロンハウスに朝の挨拶に行き、「メロンさんおはようございます。今日はご機嫌いかがですか？」と声をかけるような観察態度が、生育障害や病虫害などの異常を早く発見できて、栽培を成功に導くものである。いったん、マイナスに傾いた各種障害の調節は確実に早く発見して、早く手を打つのが一番である。

小葉で草勢がつかない株に急に灌水を多くしても湿害を受けるだけである。大果収穫を目的とするならば、始めから小葉にならない管理を貫く必要があるのは当然である。よく側枝をかく手間が大変だとわざと草勢を弱く育てる栽培者もあるが、多くの品種では側枝が出て困るような栽培をしているほうが、その品種本来の特性を生かした栽培といえる。

生育調整といっても、いったん、マイナスの街道を走り出したメロンは、早めに手を打って是正しないと、プラス街道には戻りにくいものである。

4、定植後から開花までの管理

(1) 立ち栽培・地這い栽培共通の管理のポイント

★一日も早い活着をはかる

定植後開花までの時期は、メロンでは期間の短い大切な栄養生長期である。品種によってもちがいはあるが、力強い初期生育がその後のすぐれた開花・結実につながる。

まず、一日も早い活着をはかる。日中かなり日差しが強くなってもしおれがない状態が活着したかどうかの目安である。これは低温期で七日ていど、高温期で三~四日である。とくに、低温期は厳重に保温をして、活着までは灌水は行なわない。

活着をよくする定植時の要領についてはすでに説明したが、それにしたがって行なえば何ら問題なく活着し、つるが伸長してくるはずである。とくに定植時に灌水不足だと日中のしおれが長く続くので灌水してしまうが、それによって逆に湿害をまねき、しおれが回復せず不活着や活着が遅れる、という悪循環になってしまうことが多い。

立ち栽培、地這い栽培を含めて、着果節位以下の孫づるは早めにかき取る。力強い側枝を出すためには絶対必要な管理である。

このような管理がキチンと行なわれれば、通常の品種では、間もなく開始される生殖生長期に対処できるバランスのとれた茎葉をつくることができる。

★活着までは灌水しない

前述したように、低温期には二五~三〇℃の微温水、高温期には水を定植時に苗と植え穴にたっぷり与えておけば、活着までは灌水ゼロでよく活着する。活着後は、灌水チューブを通してわずかに水量を増やしていくが、雌花（両全花）の開花が始まれば灌水は一時中断する。

(2) 地這い栽培での初期の作業

メロンは、アールス以来の栽培慣行では立ち栽培が原則であるが、現在はアールス系メロンを除き、一般のハウスメロンはほとんどが地這い栽培である。地這いは手抜き栽培されることもあるが、立ち栽培より手抜きしてよい

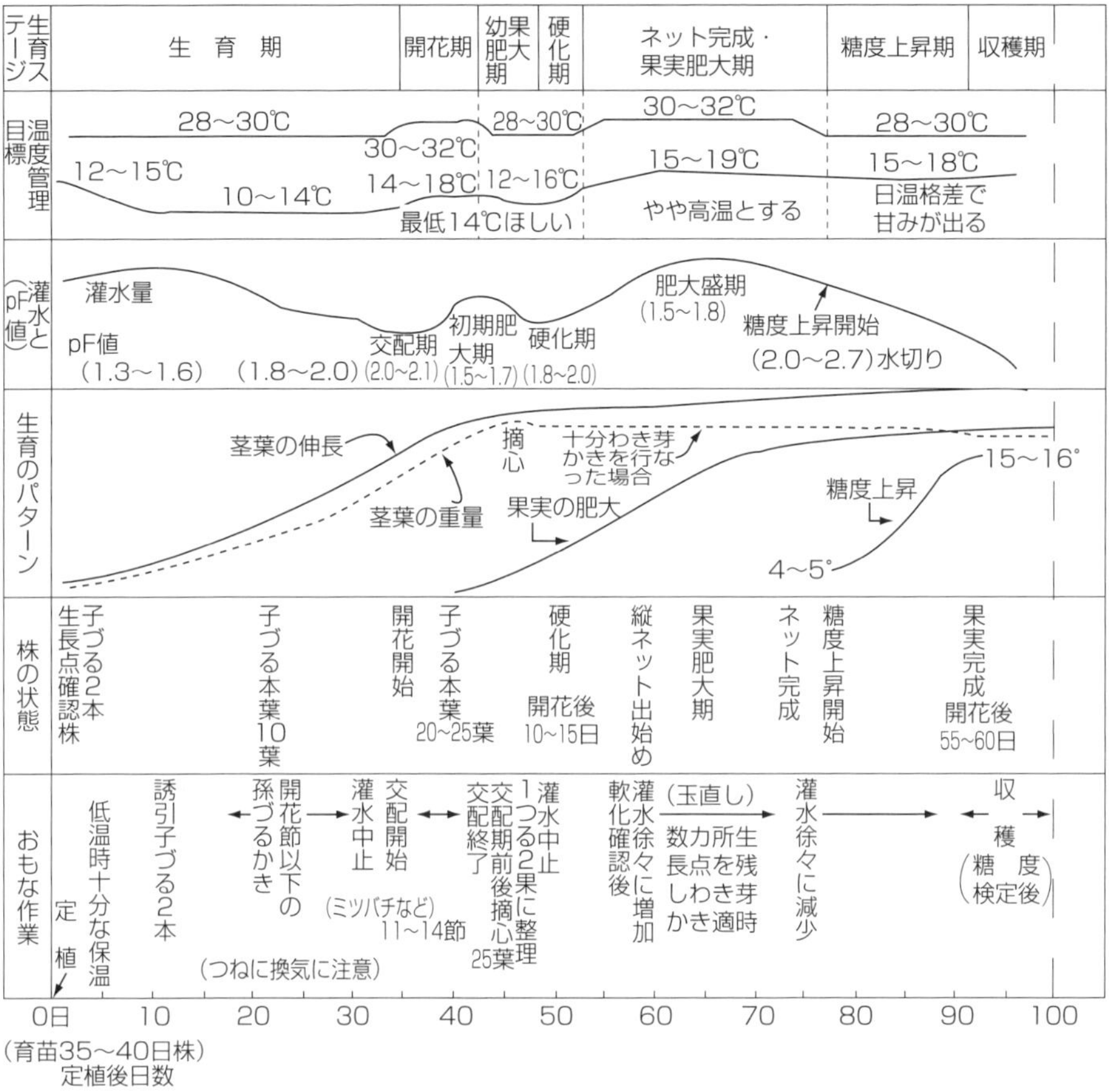

第2－19図　春作地這い栽培の生育過程と管理（1〜3月まき，無加温半促成〜早熟）

注1）最高・最低温度の管理は平林原図による
2）ネット期，糖度上昇期，収穫期は品種によって差がある
3）早い播種では着果位置はやや高節位とする
4）肥大中後期の「やや高温度」は午前中にとどめる

ということはない。

★わき芽かき（孫づるの摘心）は早めに

子づる二本の着果予定節位以下の孫づるは、早めにかき取る。遅くなると肝心の着果させる節位の孫づるが貧弱になってしまう。

着果予定の孫づるは一葉摘心か二葉摘心とする。品種や商習慣によって、果梗（アンテナまたはチョンマゲ）をT型に付ける出荷では二葉摘心、果梗を付けないで出荷する場合は一葉摘心でよい。

また、株元はつる枯病（キャンカー）の被害を受けやすいので、第二、三葉は子づるが一五〜二〇葉になったら早めにかいておく。

★着果位置は季節や品種、株状態で判断

地這い栽培では、季節（栽培の時期＝低温期か高温期か）、品種（大果種か小果種か、葉の小さい品種か大きい品種か）、株の状態（老化苗にしてしまったのではないか、同一品種でも葉の状態は？）を勘案調節して着果位置を決定する。

①春早い定植で大果にしたい場合……年内まきで一七〜二〇節、一、二月まきで一四〜一八節、十一、十二月まきの無加温促成で一九〜二二節の着果にする。これらの節位より下の孫づるはできるだけ早くかき取る。

②大果種を小果にしたい場合……八節から一一節へ着果。このほか、やや多く着果させてやや遅く摘果する方法もある。ただし、七節以下には着果させない。

③暖地二月まきや寒地三月まきの普通早熟栽培……一〇節から一四節の間に着果させる。

④老化苗定植や、やや締め付けた管理で葉が小ぶりのようなときは、着果位置をあげる。

⑤若苗定植や伸び伸び育って葉が大形のときは、低節位着果で果実を小形にする。

★確実に着果させるための生育目標

緑皮緑肉の品種にはとくに幼果が着果しても退化しやすいものはないが、新しい黄皮系の品種にはかなり着果しにくいものがある。また、同一品種でも草勢が強すぎる場合は着果しにくいことがある。栽培に習熟した人は、同一品種内でも葉色、葉形、葉の大きさを見て着果位置を決定している。

果実が止まりにくいということには、雌花（両全花）が①着くべき位置に着かず花が飛ぶ、②雄花になる、③雌花（両全花）が未開花に終わる（座止）、④開花しても着果しない（退化）、の四種類がある。

標準位置に着果させるためには、葉色は濃すぎず淡すぎない、葉形は切れ込みが多く大きさは小形でない、ことなどが生育目標になる。葉が小さく切れ込みが多すぎ、節間がつまりすぎている場合は低節位化しやすい。また、葉が大きく、緑が濃い栄養生長型の場合は、止まりにくく高節位化するので、子づるの生長点摘除を行ない栄養生長型化を誘導する。

着果しにくい品種は着果位置が上がりやすいが、子づるの生長点の早めの摘心（ピンセットによる生長点摘除＝心抜き、栄養生長型を生殖生長型に転換させる）で防止する。

着果しにくい品種は６花連続開花させ，うち実の止まった連続２果を残す。子づるの摘心をピンセットで早めに行なうと止まりやすい

通常はこのように４果連続開花させ，そのうちの形のよい果実を連続２果残す。通常は11～14節，低温期には20節ていどまで上げる

第２－20図　地這い栽培で草勢が強かったり着果しにくかったりする品種での連続２果着果

★伸ばす孫づるの数の判断

孫づるは四本ていどを一本の子づるから伸ばして、そのうち連続する二本の孫づるに着果させ（連続二果着果）、他の二本は摘果する。したがって、一株四果着果になる。新黄皮系品種など着果しにくい品種や、一般品種でも低温期の栽培など着果しにくい栽培条件のときは、孫づるを六本ていど伸ばし、そのうちの二本に二果連続着果させるようにする（第2－20図）。

着果しにくい条件のときは、前述したようにピンセットでの子づるの生長点摘除（心抜き）が有効である。また、低温期に急に低温になりそれが続くと、孫づるを伸ばしても所定の位置に着果できないことがあるが、そのようなときには収穫時期は遅れるが、孫づ

このころ摘果して１果とする。荷札は着果日付の標示

第２－21図　着果性のよい品種はこのように連続して着果する

るを出しなおして着果させなければならない。

★連続着果で果実のバラツキを防ぐ

一株に四果着果になるが、株内の着果はできるだけ連続着果とする。四果をほぼ同時に着果させると、同一規格の果実を収穫しやすい。同一子づる内だけでなく、株全体で同時連続着果になるようにしたい。四果中一果でも着果が遅れたりすると、株内の養分配分のバランスがくずれ、三果はネットのすばらしい大果になるが、残りの一果は養分が不足しネットが不良で十分肥大できない小果に終わってしまうことが多い。抑制栽培と大果種でこのバランスのくずれを生じやすい（第1－30図）。

抑制栽培は日射量が少なく、春作の四分の三ていどしか着果できないので、着果数を減らしたり、栽植密度を粗くしたりして対応しているが、春作のような着果数で栽培すると、バランスをくずすことが多い。

また、大果種は個々の果実が大果になろうという性質が強いためか、着果数を増やした場合、必ずしもそろって小果になるとは限らず、大部分の大果と一部小果とに分かれることが多い。この場合の小果は、形状、ネット、外皮色がわるく商品にならない。

よく揃っている

第2－22図　バランスのとれた着果

2果大果の後ろにネット不良の黒玉の小果が見える

第2－23図　バランスのわるい着果

★大切な初期の病害虫防除

栽培期間中を通して病害虫防除は大切であるが、とくに初期防除は重要である。

半促成、早熟栽培など春作では、各種病虫害の予防を兼ねて、定植後活着したら、「ダコニール1000」一〇

○○倍液＋「トレボン乳剤」を散布しておく。また、アブラムシの防除のため「アドマイヤー1粒剤」を株当たり一〜二グラム植え穴処理を行なう。

抑制栽培では、定植当初からワタヘリクロノメイガ（ウリノメイガ）の防除のため、「アファーム乳剤」二〇〇〇倍液の散布を行なう。

近年うどんこ病の発生がはなはだしくなり、「アミスター」「ストロビー」の効果が衰えているので、予防には「ベルクート水和剤」、治療には「トリフミン水和剤」などが有効である。なお、「ストロビー」を散布する場合、希釈濃度を厳守しても、浸透性展着剤の併用で薬害が生じるので注意が必要である（第2－24図）。

第2－24図　ストロビーの薬害

栽培期間を通しての防除は、巻末の付録「4、病害虫の症状・被害と対策」を参照されたい。

5、開花期から結実初期までの管理

(1) 2Lで揃った果実を育てるポイント

★栽培時期でちがう果実の大きさ

すべてのメロンに共通した特性として、同一品種では春夏期（四、五月）まきでもっとも大果になり、秋冬期（十〜十二月）まきでもっとも小果になる。第2－25図に播種期による同一品種の果重の変動を示した。ここでとりあげた品種は古いものだが、傾向は変わらない。

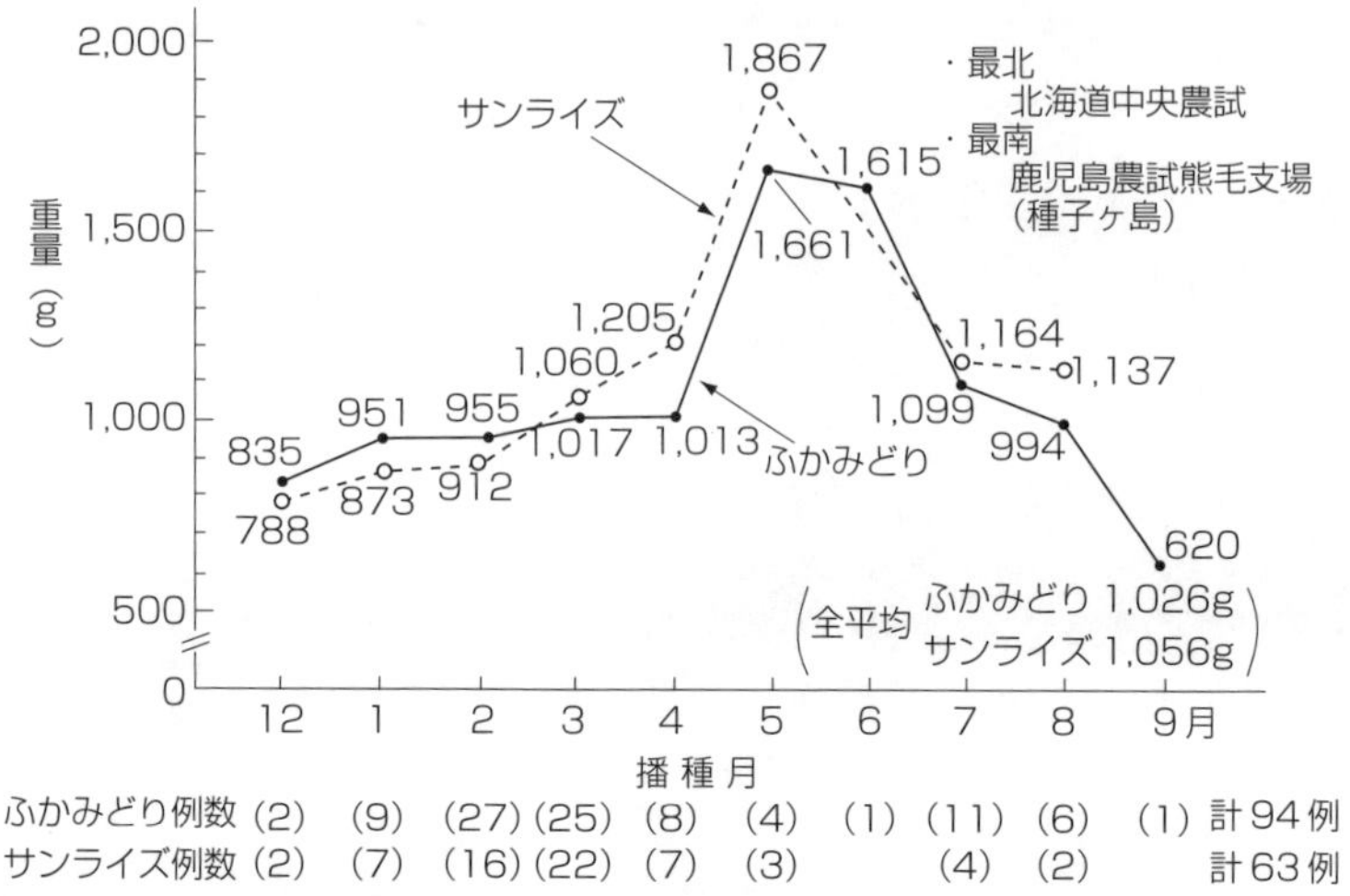

第2－25図　播種期による平均1果重の変化（全国例，新潟園試とりまとめ）

この点、温室メロン「アールス・フェボリット」種は、導入以来七六年の歴史があり、系統の分化も進んでいて、十数系統を駆使して、一年中同じ大きさの果重の系統が「アールス・フェボリット」として出荷できるようになった。アールス系メロンも系統数は少ないが、温室メロンと同じように周年ほぼ同じ大きさのメロンを出荷できるようになった。しかし、ハウスメロンでは号数で呼んで区別している「アンデス」でも十分対応できていない。

このため、ハウスメロンで、年中2Lていどのそろった果実を出荷するには、栽培時期ごとに技術のポイントが異なってくる。とくに、低温期に播種する促成、半促成栽培では、いかに果実を大きくするかが大きな課題になる。そのための、低温期栽培の早期出荷では、類似品種の代替栽培などが行なわれている。また、以前は果実肥大用のホルモン剤「ナフタリン酢酸」で果実肥大をはかっていた例もあったが、すでに禁止になり登録もまったくないので、絶対に使用してはならない。

逆に、高温期に播種する抑制栽培では、果実が大きくなりすぎないよう注意が必要になる。

★2L果実を揃えるための開花期の条件

たとえば、茨城県の十一～十二月まきのように低温時の無加温促成栽培では、2L規格の品物をどのくらい揃えられるかが販売の成否を決している。たしかに、低温時に大果になる品種を栽培するのがもっとも望ましいが、それだけでなく気象条件や管理条件が大

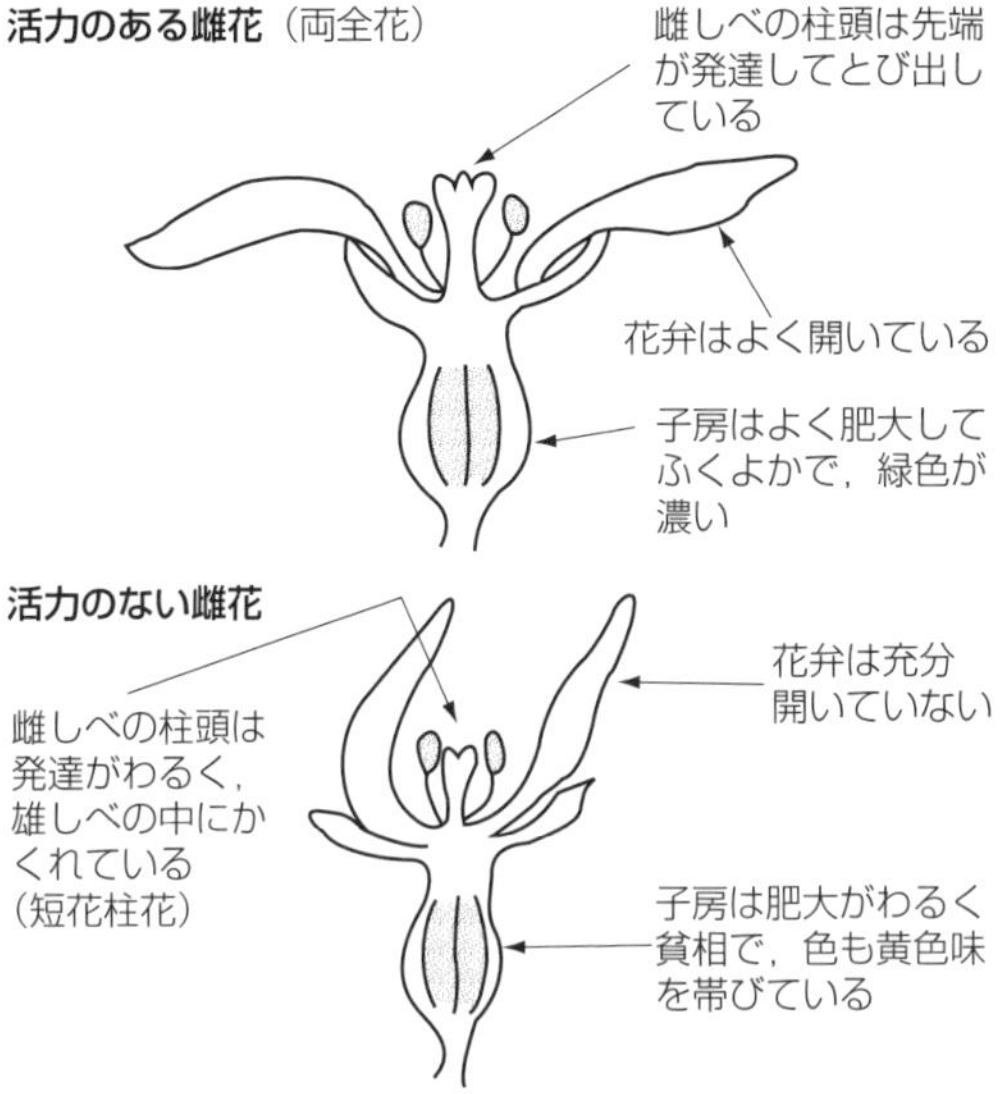

第２－26図　力強い花と弱い花の診断

きく左右していることも否めない。

メロンは、開花時の雌花を見れば、大果になるかどうかの素質がはっきりする（第２－26図）。高温時は力強い花を咲かせることはとくに困難とはいえないが、低温時には力強い花を咲かせるにはいろいろな困難がある。力強い花とは、子房が大きく、花弁も大きく、雌しべがよく発達し雄しべから飛び出している花をいう。このような花を咲かせることは、もっとも高く売れる大きさ（2L＝約一キロ強）で揃えるためには重要なことである。このため、いろいろな条件を揃えなければならない。その条件を前述したことも含めて整理すると、以下のようになる。

①下位孫づるの着果節位以下の摘除。

②着果節位の調節（メロンは本来高節位ほど大果になるので、なるべく早く高節位を開花させる。しかし形がくずれることもある）。

③飛び節になりやすい品種は孫づるを立てる数を増やす。

④施設内の保温を確実にする一方、過度の蒸し込みや閉めすぎを避ける。

⑤花粉の出ない低温に備えて、ミツバチ放飼とホルモン剤を併用する。

⑥早朝の気温が高いなど条件の整った日に交配（ホルモン剤またはミツバチ放飼）を集中的に行なう。

⑦座止（死に花）を防ぎ、所定位置に着果させるために、ピンセットで早めに生長点を止める。

⑧開花期の灌水は溢水で花粉をパンクさせることがあるので注意する。

このような処置で低温期でも十分力強い花を開花させられる。

栽培期間中低温の日に無理に着果させた果実はどうしても小果になりやすく、朝比較的気温の高い日に着果させた果実は大果になりやすい（旧新潟園試、江村）。

開花条件がもっとも問題になるのは低温期であり、抑制栽培のような高温期の開花ではとくに問題はない。しかし、交配は遅くとも午前中に終わるようにする。

(2) 確実に着果させるための開花期の管理

★生殖生長型に転換させる心抜き法

品種によって栄養生長型になりやすかったり、また同一品種でも肥培管理の誤りで栄養生長型になりすぎると、なかなか着果しにくくなる。このような場合、栄養生長型を生殖生長型に転換させるために、いろいろな方法がある。

過繁茂防止用の液肥（クロロゲン黄または赤〈玉名化学〉など）を使う方法もあるが、反応はやや遅れる。もっとも多く行なわれているのは、すでに述べた子づるの心抜き法である。鋭利な刃先のピンセットで葉をたくさん付けないようにして、生長点を抜き取る方法である（第2－27図）。これにより、過繁茂でかなり栄養生長型の生育をしているメロンも、生殖生長型に転換できる。しかも効果は早く、翌々日に現われる。したがって、心抜き作業は、着果させたい花が開花する二日前に行なうのが原則である。

着果節位より上の葉数は、生長点付近の生育が進んできたら摘心し直して、常に一定の数で揃えるようにする。

栄養生長型を生殖生長型に転換できる

第2－27図　ピンセットによる生長点の心抜き

★健全な花を咲かせる水管理と温度管理

開花期は灌水を抑え気味にしたほうが花の流れも少なく、朝交配時に花からの溢水もないので、花粉も健全となり交配しやすい。

また、開花は花の周辺の温度に支配される。「オトメ」や「ローランL」のように、低温で花粉の出やすい品種も一部あるが、ほとんどの品種は一一℃以下では半咲きの状態になり花粉の出がわるい。逆に、一四℃以上あれば、たいていの品種で満足な花が咲き、花粉の出もよい。

暖房機を備えていない保温栽培でも、開花期だけ何らかの小型の暖房装置（古ストーブでも可）を持ち込めば、ミツバチの活動もよく着果が確実になる。

★人工交配とミツバチ交配

筆などの手作業の人工交配は、朝露のとれた朝八時ころから午前中に完了する（遅くとも午後二時まで）。ミツバチ交配の場合は、だいたいこの時間までに交配が終わっている。ミツバチはメロン栽培に馴れた群が望ましく、それでもハウスから逃げやすいので、寒冷紗などで換気孔、入り口などを被覆して逃げにくくしておく必要がある。また、一四℃以下で花粉の出がわるいような寒い朝はミツバチの活動も鈍いので、十一月まきのような前進栽培ではやむなくホルモン剤も使用している。しかし、ホルモン剤を使用しても、ミツバチ交配の併用が望ましい。ミツバチは、一一℃以下ではまったく活動しない。一一℃から一四℃では飛ぶが、着果するときとしないときがあり、一四℃以上で完全に働く。

ミツバチはあらかじめ業者に予約しておき、開花が揃ったら、一〇日間入れておけばよいが、低温期は二〇日間くらいはいれておくとよい。

早朝寒く、花が半咲きのときは、一部不完全化と花弁がよく開かない開花などがあるが、ホルモン剤はそのような花にも噴射する。手交配のばあいは、同じ花に二日続けたほうが確実で奇形果が少ない。ミツバチ交配はハチにまかせればよい。

★ホルモン剤の使い方

ホルモン剤の使用はやむを得ないときのみにとどめ、ミツバチなどの利用をはかるべきだが、最近の十一月まきのような前進栽培に対応するためには、どうしても低温期の着果が必要になり、ホルモン剤の使用もやむを得ない。

現在、メロンの単為結果で品種限定で登録が取れているホルモン剤は二～三あるが、糖度の上昇を妨げることが多く、評判はあまりよくなくほとんど使われていない。「トマトトーン」はトマト、ナスには登録があるが、メロンにはない。しかし、メロンの花房噴霧に使用して、人体に害作用があるとは考えられない。しかも「トマトトーン」がもっとも糖度を下げにくいホルモン剤の一つであるし、発酵果にもつながりにくい。早期の登録が待たれる。

トマトトーンの花房噴霧での使用濃度は、極低温期で五〇倍、やや高温になれば八〇～一〇〇倍で使用できる。品種によってホルモン剤の反応はかなり異なり、敏感な品種に高濃度で使用すると、奇形果（カボチャ状果が多い）になりやすい。

品種によって花粉の出方はかなり異なり、早出し用の品種ではタキイ種苗の「オトメ」、神田育種農場の「ローランL」などは花粉が出やすい。低温で花粉が出やすい品種はミツバチ交配がしやすいが、日によって施設内の最低温度にちがいがあるので、前進栽培では寒い朝はミツバチが飛ばないのでホルモン剤処理、暖かくミツバチがよく飛んでいるときはミツバチ交配というように、ミツバチ交配とホルモン剤を併用する。

なお、以上は単為結果用のホルモン剤の利用についての解説であり、前述したように果実肥大用の「ナフタリン酢酸」はすでに禁止になり登録もまったくないので、絶対に使用すべきでない。

(3) 着果直後の管理

★着果日の温度が玉伸びにも影響

着果後ごく初期の果実の肥大は、着果日の果実周辺の最低温度に支配されることが多い。朝低温にすぎる日に、ホルモン剤で無理に着果させても、玉伸びがわるいことが多く、一四℃以上の暖かい日に集中的に着果させたほうが、商品価値のある果実を収穫しやすい。

幼果の肥大の仕方は品種によってかなり異なり、初期の肥大が緩慢な品種もあれば、初期に比較的早く太る品種もある。初期生育が緩慢な品種にかぎって、ネットが入ってからもしばらく肥大が続くものである。現在、低温でもっとも大果になりやすい品種「ベールグラン二号」はこのタイプである。

★花弁はなるべく早く除去

交配後四～五日で着果を確認したら、付着している花弁は灰色かび病の防除のためなるべく早く取り去る。ホルモン剤で着果させたものは、花弁は自然に落ちないのでかならず手で取る。

6、着果後収穫までの管理

(1) 幼果の診断と摘果

★幼果は少々長いものを残す

果実はピンポン玉～小鶏卵大のとき

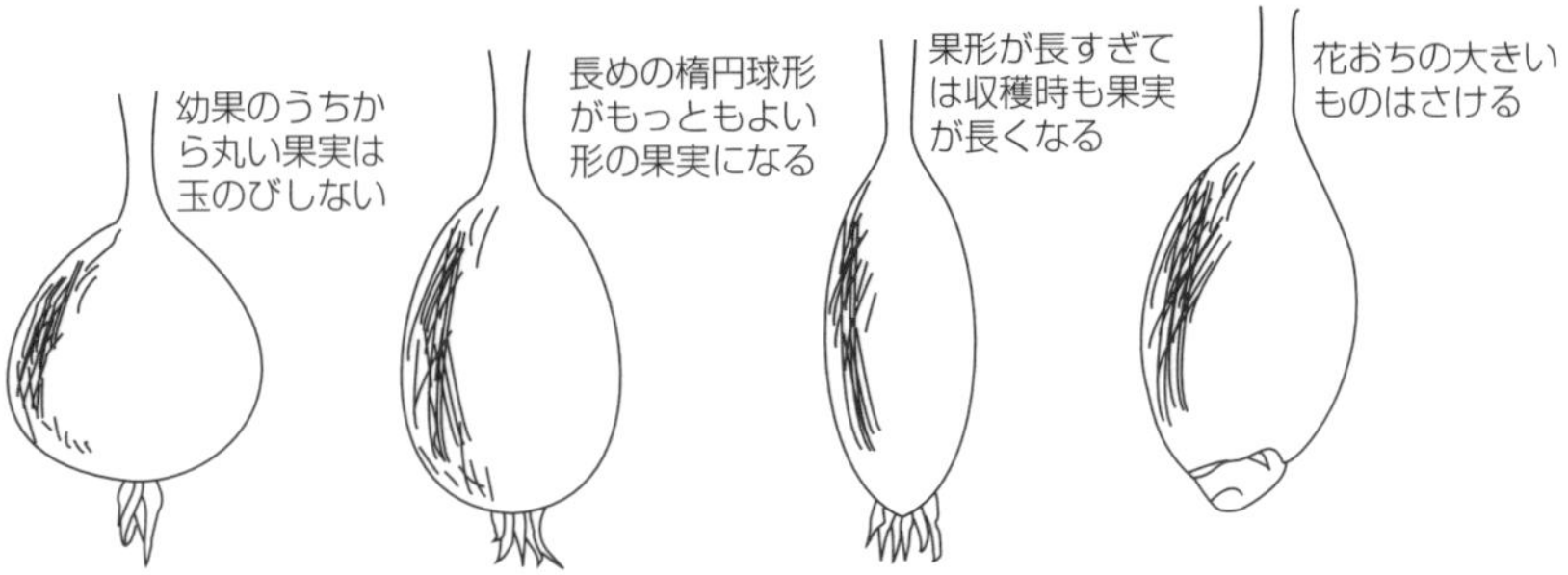
幼果のうちから丸い果実は玉のびしない
長めの楕円球形がもっともよい形の果実になる
果形が長すぎては収穫時も果実が長くなる
花おちの大きいものはさける

（どのような形でも傷のあるものは不可）

第２－28図　幼果の形状と玉伸びのよしあし

に形のよいものを残す（第２－28、29図）。

　幼果の果形はあまり若いうちから丸形のものは玉伸びしない。少々長いほうがよい。とくに締めつくりで本葉が小さいものは幼果も小形になりやすい。幼果の摘果は、この他果形が左右対称になっていないもの、下部で見にくいが花落ちが大きすぎるものも対象となる。

①丸すぎる果実（玉伸びしない）

②長すぎる果実（成熟しても長すぎる楕円形の果実になる）

③ちょうどよい果実（球形の大果になる）

第２－29図　幼果の診断

(2) 着果直後の整枝と管理

★着果の確認とその時期の整枝と草勢

交配後四～五日で着果は確認できる。所定の果実数が確認できたら、果実上位葉数を数えて主枝の摘心位置を確認する。そして、立ち栽培では側枝の整枝（摘心）を確実に行なう。地這い栽培では、その後の整枝は場合によっては若干のちがいがある。

着果直後は草勢がかなり強いと思っても、果実の肥大期や糖の充実期にはかなり弱ることが多いので、極端な一時期の強整枝は避けるようにする。果実の肥大、糖の上昇には葉は大きな役割を果たすので、健全な葉数の確保は重要な課題である。

①立ち栽培での整枝

アールス系メロンで栽培する立ち栽培の場合、一果着果が原則である。不着果や間引きした果実のあった側枝は取り去る。この場合まだ摘心が終わっていなかったら、所定の葉数（最低果実上一〇枚）を残して摘心を行なう。

また、一般のハウスメロンでは、草勢の強い品種や栽培管理で草勢が強くなった場合、つるは完全に整理するが、草勢の弱い品種や栽培で草勢が弱くなった場合は、いったん摘心した主枝の先端の節位付近から、遊びづるを二～三本ていど伸ばす。しかし、アールス系メロンでは、温室栽培に準じることが多く、多少草勢が弱くても遊びづるを出すことは少ない。

②地這い栽培での整枝

地這い栽培の場合、とくに低温期でないときは、着果は一〇～一四節で連続二果着果、主枝（子づる）の本葉は果実の上一〇～一二節、二〇～二六節目付近で摘心する。着果した果実より根元に近い節位の孫づるは完全に取り去る。上位の節からの孫づるはふつうの草勢であれば、一葉ていど摘心して、とくに取り去る必要はない。その後は常にどこかに生長点を残すていどの軽い整枝を行なう（第2－30図）。

地這い栽培の場合は遊びづるを先端から伸ばすことは、施設内で特定の部分だけが藪になるので問題が多い。また、生長点がまったくない温室メロンをそのまま寝かせたような整枝は、収穫前に草勢を著しく弱めることが多いので、すすめられない（第2－31図）。

★果実の肥大、糖の上昇に必要な葉数

果実を肥大させるのも、甘みを十分出すにも、健全な葉は絶対に必要である。とくに、べと病、つる枯病、うど

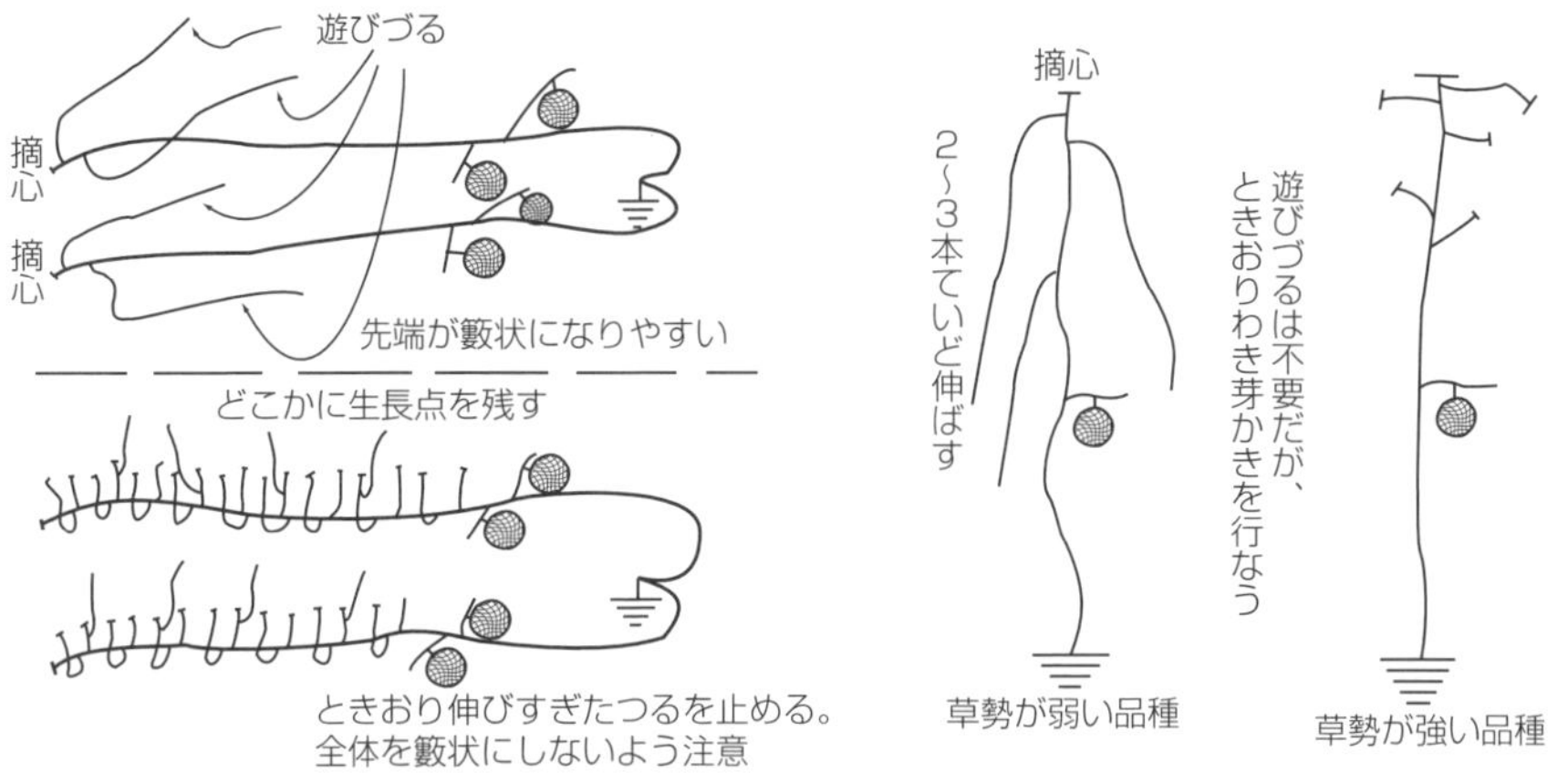
遊びづる
摘心
摘心
先端が籔状になりやすい
どこかに生長点を残す
ときおり伸びすぎたつるを止める。
全体を籔状にしないよう注意
摘心
2～3本ていど伸ばす
遊びづるは不要だが、
ときおりわき芽かきを行なう
草勢が弱い品種
草勢が強い品種

a．地這い栽培　　b．立ち栽培

第2－30図　遊びづる方式と，どこかに生長点を残す方式

んこ病から葉を守ることは、大切な管理である。また、抑制栽培ではワタヘリクロノメイガ（ウリノメイガ）の防除も忘れない。

果実の肥大、糖の上昇のためには一果あたりどのくらいの葉が必要かは、立ち栽培と地這い栽培では微妙にちがう。

立ち栽培では、着果位置より上に最低一〇枚、標準一二枚、連続二果着果させる場合は五割ていど増やすことが必要である。

地這い栽培では、着果位置より下位節の葉や、かき取らない上位の孫づるの葉も同化に貢献する。したがって、連続二～三果着果させても上位一〇～一二葉くらいの葉数でよい。

地這い栽培で先端の遊びづるが盛り上がった状態。これでは，かえって先端に病虫害をまねきやすい

第2－31図　地這い栽培での遊びづるの状態

★遊びづるは摘心位置にこだわらない

遊びづるとは、メロン栽培でどこかに生長点を残したほうが、草勢の維持がしやすいので、一般には摘心した親づる（立ち栽培）または子づる（地這い栽培）から生長点の

あるつるを伸ばすことをいう。しかし、立ち栽培では、前述したように草勢の強いハウスメロンは整枝をしてもすぐどこからか生長点が現われてくるので、とくに遊びづるを考えなくてもよい。

遊びづるは、立ち栽培も地這い栽培も摘心位置から伸ばすという指導が多いが、地這い栽培では、先端の藪状化を防ぐために全体を弱整枝し、株のどこかに生長点が二~三あれば十分で、とくに遊びづるとして摘心位置になければならないということはない。しかし、計画的な二番果の収穫では、先端の遊びづるが将来の着果枝になるので、先端一~二節に遊びづるを残すようにする。

立ち栽培でも草勢の強い品種はとくに遊びづるを残さなくても，このように節間から自然に側枝が出てくるので１～３本残してかき取ればよい

第２－32図　立ち栽培でも遊びづるが不要なこともある

★急な強整枝は草勢を弱める

整枝はまとめて一時期に行なうことは禁物である。管理を怠けていたときなど、一度に強い整枝を行なうこともあるが、メロンの草勢維持にはもっともまずい管理である。整枝はせめて四~五日に一回、地這いでは生長点を一株に二、三カ所残しながら、混んだところのわき芽かきを行なう。立ち栽培では、草勢の弱い品種は遊びづるの時折の更新、草勢の強い品種ではどこかに生長点を二、三カ所残し、あとのわき芽をきれいにかき取ればよい。遊びづるの更新は伸びすぎたときなどに行なうが、親づるの先端部から別の遊びづるを出し、あるていど伸びたら伸びすぎた当初の遊びづるを取り除く。

つい圃場に行きそびれ、しばらくぶりで行ったら、これは困った、大藪だ。明日は組合の巡回で、立ち毛評価が行なわれる。さあ大変と藪の大整理、数日したら株がぐったりしてしまうようなことがよく起こる。これは活動を停止していた元葉を、再び働かせることから株が弱るという現象である。

急激な強整枝は絶対行なわないこと。とくに株の弱りは、後に説明する糖度上昇期には、株の萎凋、糖の蓄積不足とはなはだしいことになる。この場合、根が湿害を受けて弱るようなことになると、被害はますますはなはだしいものになる。

(3) 肥大前期の果実の管理

★玉吊り、玉直しとパットのせ

立ち栽培では、玉吊りや玉直しの管理がある。玉吊りは果梗につる（アンテナ）を付けて販売するばあい、アンテナが果梗ときれいな直角になっていたほうが商品価値が高いので、その調整のためと、玉の重みで側枝が主枝から裂けてしまうのを防ぐために行なう（第２－34図）。この作業でとくに注意することは、若い果実は傷が付きやすいので丁寧に取り扱うことである。

幼果時の玉吊りでは、果実が葉柄や葉に触れて擦れたりすると、そこに傷ができやすいことである。その傷はなおらないので、ネットメロンではその部分だけ汚いネットになったりする（第２－36図）。

玉吊りは、着果後一〇日目までに行なう。最初は側枝が水平になるよ

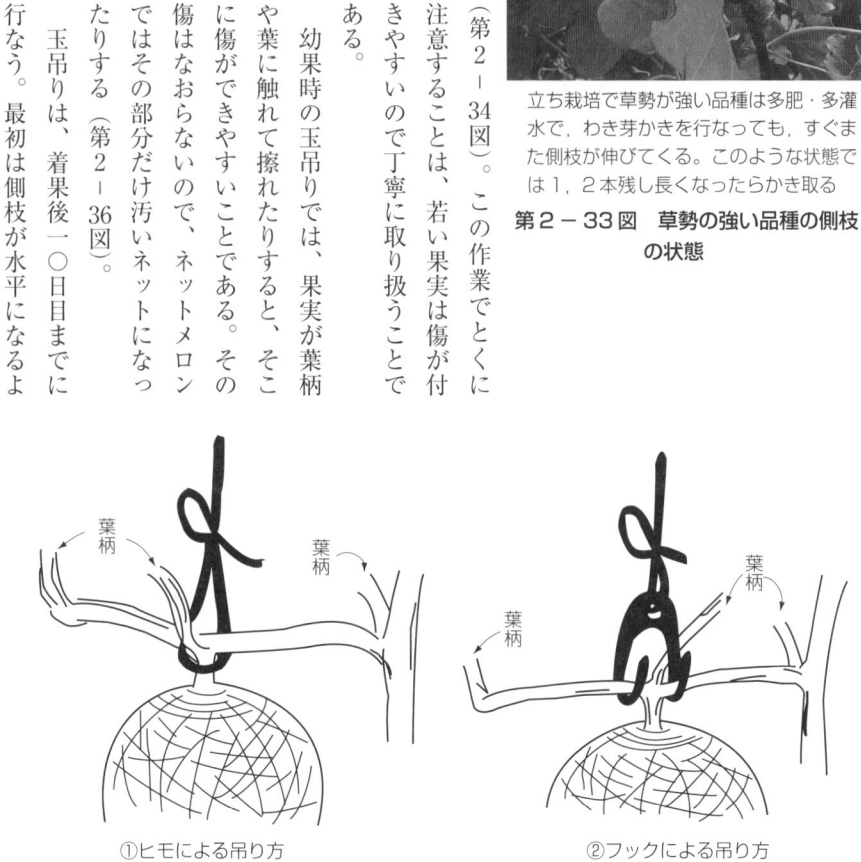

立ち栽培で草勢が強い品種は多肥・多灌水で，わき芽かきを行なっても，すぐまた側枝が伸びてくる。このような状態では１，２本残し長くなったらかき取る

第２－33図　草勢の強い品種の側枝の状態

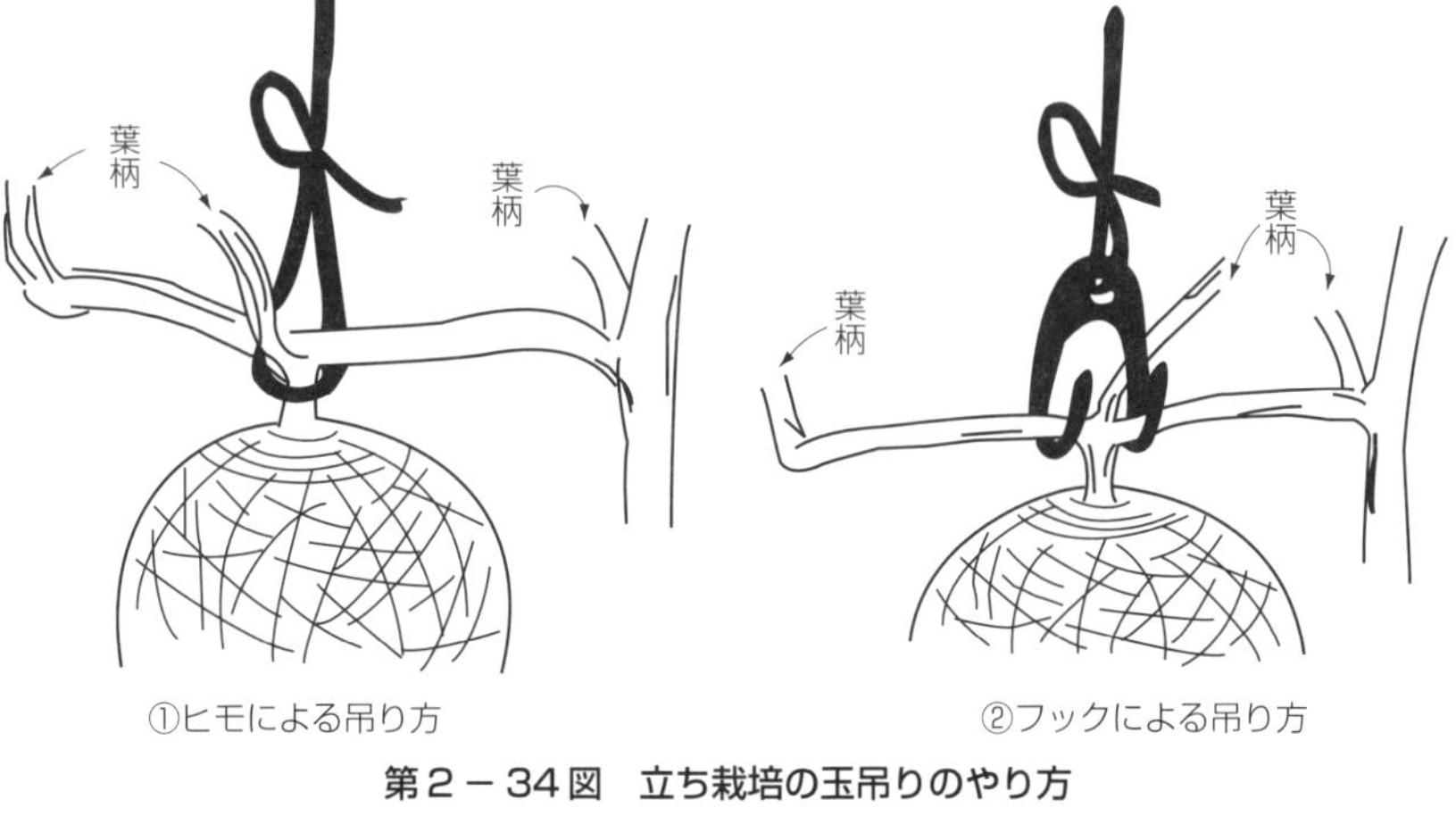

①ヒモによる吊り方　②フックによる吊り方

第２－34図　立ち栽培の玉吊りのやり方

葉柄が果実のそばにあるとネット発現期に擦れてネットに傷がつきやすい

第2－36図　擦れによるネットの傷

第2－35図　アンテナをつける場合，このような左側が下がった状態では商品として肩下がりになりアンテナの見ばえが悪くなる

第2－37図　果実の葉のすぐ付け根からでている枝（矢印）は早めに取り去る

うに吊しても、しばらくたつと果実の重みでつるが水平になっていないことがあるので、さらに三〇日目ころに側枝を水平になるように吊り直す。この作業を玉直しと称している。

地這い栽培では、一〇～一五日ころまでにメロンパットにのせる。メロンの花痕部は湿気によってもっとも腐敗しやすいので、底部の通気をよくするためパットを利用する。パットには個々にのせるものと、帯状になっているものとがある。これらの作業は幼果に傷を付けないように注意する。

立ち栽培、地這い栽培のいずれも、果実の葉のすぐ付け根から出る枝と、二枚目の葉の摘心位置から出る側枝は若いうちに取り去る（第2－37図）。

★着果後果実肥大期までの水管理

着果後三～四日くらいから灌水を開始する。灌水は、最初は少なく、その後しだいに量を増やすようにする。

一〇～一二日目から硬化期に入る。硬化期とは、一時的に肥大速度が遅くなり、果実をたたくとカンカンという音がするほど硬くなる時期をいい、この時期はネットのひび割れの準備期〜開始期でもある。硬化期は品種によりはっきりしているものと、そうでないものとがあり、品種によってちがうが、この時期の水管理がネットの発現やそのよしあしに影響する（後述）。

一般に、硬化期に入る頃から灌水を一時中止する。硬化期に灌水を続けると、硬化期が現われず、ネットがよく出ないことがある。また、硬化期の中期に一時的に多灌水すると、大きな裂果を生じることがある。果実の肥大期は徐々に灌水量を上げていく。灌水の切り替えは、急に増やしたりやめたりするのではなく、徐々に行なわなければならない。硬化期の最中は果実をたたくとカンカンに近い音がするが、二〇日くらいたち、その音が鈍くなってひび割れの徴候が見え始めたら、再び灌水を開始して徐々に量を増やしていくと、しっかりしたネットを張らせることができ、ひび割れ的なネットにもならない。

★「アールス系メロン」は硬化期の水管理に注意

一般にネット系メロンには、硬化期がはっきり現われる品種とはっきりしない品種とがあり、「アールス系メロン」の品種は硬化期がはっきりしている。この系統の品種は、水管理の良否でネットの良否が決定してしまう。硬化期の突如の多灌水で、大きな初期裂果を生じることがある。したがって、「アールス系メロン」は硬化期の水管理がとくに重要になる。

ハウスメロンでも品種によって硬化期がはっきり現われるものと、そうでないものとがある。「ローランL」や「ふかみどり」、「アンデス」など硬化期を無視した栽培をし、硬化期に灌水過多や灌水開始の遅れがあっても、けっこうネット形成に優れている品種や、逆に「アールス」の血の濃い品種のように非常に敏感で硬化期に多湿であると、ネット形成が思うようにいかなかったり、硬化期の一時的な多灌水が、大きな裂果につながる品種がある。

★摘果と子メロンの活用

立ち栽培でも地這い栽培でも、かなり多数の間引きの幼果が収穫できる。早めに摘果を行なうことは、目標とした残すメロンの生育を早めるために必要だが、摘果メロンは自家用漬物として有利に活用（時には計画的に出荷）できるので、長径四〜五センチで摘果して利用する（第2−38図）。ただし「プリンス」「アムス」「市場小路（新潟では『越後ロマン』）」「ユウカ」など、苦みのために当座漬には利用でき

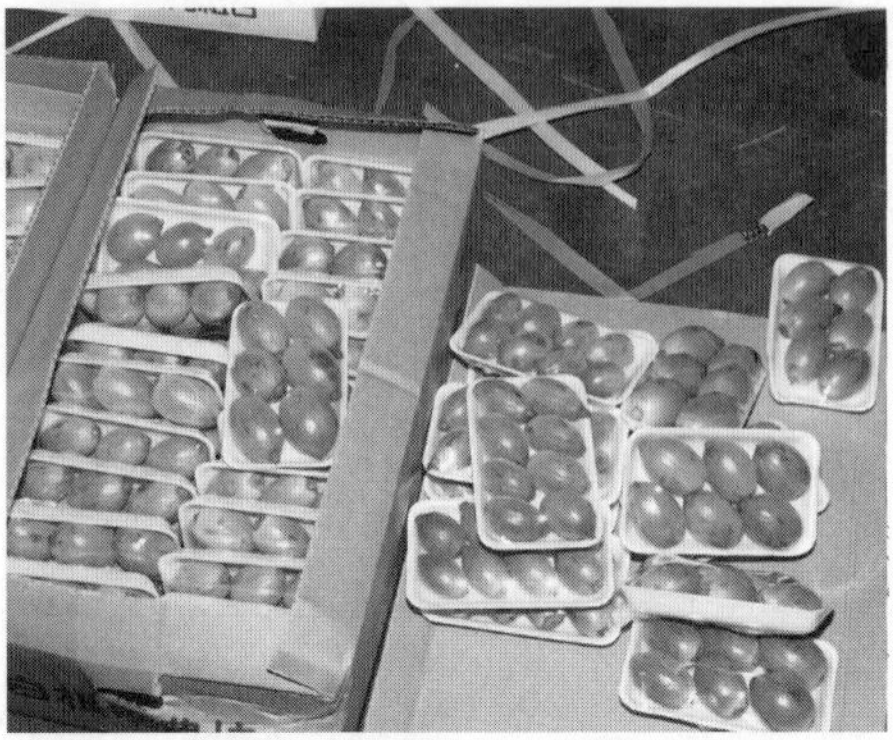

第２−38図　漬物用として出荷された子メロン

ない品種もある。

★葉面積指数はどの程度がよいか

よく聞く言葉だが、葉面積指数とは通常、「葉の占める総面積÷その株の占める地表面の面積」で示す。立ち栽培は立体なので数字は大きくなりそうだが、通常は二・〇〜二・五ていどで、地這い栽培は一・五〜二・〇ていどになる（第２−４表）。しかも、立ち栽培は、果実より下の葉は同化に活用が少ない葉だが、地這い栽培のほうは果実より下位の葉も十分同化に貢献するので、一株当たりの着果数も多く効率は高いといえる。

しかし、地這い栽培で著しく葉が重なったような場合、同化活動ができない下葉まで葉面積に入れても意味がないことになる。この実際の計算は専門家でないと無理だが、一度指導を受ければ、長い間栽培に従事したメロン農家は、現場の達観でかなり測定に近い数字を読み取ることもできる。実際に健全な葉を読み取ることから、良品質の生産の予測にまで発展でき

第２−４表　メロンの生産力と葉面積指数

栽培法項目別			栽植株数（10a当たり）	1株当たり着果数	着果総数（10a当たり）	平均1果重	収穫重量（10a当たり）	葉面積指数
			株	果	果	kg	kg	
地這い栽培	トンネル	（ネット系ハウスメロン）春作トンネル	600	4	2,400	1.4	3,360	1.2〜1.5
地這い栽培	ハウス	（ネット系ハウスメロン）						
		半促成ハウス（無加温）	650	4	2,600	1.1	2,860	1.5〜2.0
		半促成ハウス	750	4	3,000	1.3	3,900	1.5〜2.0
立ち栽培	ハウス	（アールス系メロン）						
		促成半促成ハウス	2,600	1	2,600	1.3	3,380	2.0〜2.5
		抑制ハウス	2,400	1	2,400	1.4	3,360	2.0〜2.5

注 1）ハウスメロンの抑制栽培は最近ほとんど見られなくなった。またハウスメロンの促成〜半促成栽培の立ち栽培（とくに連続２果着果）も減少しているので，記述を省略した。
2）単に増収を考えれば，収穫量はまだ上がるが，良品質・中位果重として計算した。
3）無加温の半促成栽培は11〜12月まきで，４重被覆の保温のみの栽培であり，もっとも収穫量が上がりにくい作型である。
4）葉面積指数＝全葉数の面積／地表面積，立体的に葉が占めている立ち栽培のほうが当然葉面積指数は大きいが，１枚１枚の葉の同化能力は地這い栽培のほうが高い。これは陰に入る葉が少ないためである。

る。

(4) ネット発現〜完成期の果実管理

★ネットの発現は遺伝的特性が強い

ネットとは果実表面に現われる一種のひび割れが、時間の経過で癒傷組織ができてコルク状の組織が盛り上がるものである。大きく割れれば癒傷組織ができず、そのまま裂果になってしまう（第２－46図参照）。

冬季間ネットの出にくい「アールス冬系」のメロンなどに針で人工的にネットを描いても、本物のネット同様癒傷組織ができてコルク化する。また、ネットの発現は、かなり遺伝的な特性が強いもので、一代交配種の場合、両親の影響をかなり強く受ける。さらに、ネットの発現は、つぎに述べるように硬化期との関連がかなり深い。

★ネットのタイプと異常

ネット系メロンのネットは、大別してアールスタイプのネットとアンデスタイプのネットと大きく二つに区分される（第２－39図）。アールス的ネットの品種では、硬化期を十分意識して栽培しないと、「ヒルネット」（太いヒル状のネットが不規則に入り混じる。第２－46図②）になったり、裂果したりするし、また硬化期に降雨が続くとネットのでない坊主玉になることがある（第２－41図）。

ハウスメロンのアンデスタイプのネットは、とくに盛り上がりは少なく細かいネットだが、硬化期をとくに認識しないでも、きれいなネットになりやすい。しかし、品種によっては、地下水位が高い場合や、秋雨前線が居座り雨が続くと硬化期が現われず、ネットがまったく出ない坊主玉になってしまうことがある。

★ネットをよくする栽培の工夫

①玉を肥大させる無理な蒸し込みや高夜温はネットの発現にはマイナスとなる。

②玉ふきはいったん出たネットの盛り上がりをよくする手段である。玉ふきとは、太ネットが入り始まったら、タオルに「ダコニール１０００」の一〇〇〇倍液を浸み込ませ、果実を拭いて軽く傷をつけネットの盛り上がりをよくすることで、三〜四日おきに三回ていど行なう。大衆品のハウスメロンではほとんど実施されず、温室メロンやアールス系メロンの栽培で行なわれる。

③地這いのハウス栽培では、果実が

むきだしになっているより、うっすらと葉がかぶさっている状態のほうが均一なネットが出やすい（第２－42図）。直射光線の当たる部分は乾きすぎてネットが出にくいが、あまり葉がかぶさって薄暗くなっているようでもネットが出にくいので、その中間くらいの明るさがよい。

①アンデス的ネット　②アールス的ネット

第２－39図　ネットのタイプ

アールス系のネットとはいえない

第２－40図　ネットが張りすぎたアールス系メロン

④袋掛けは温室メロンやアールス系メロンで行なわれている技術である。底抜けの新聞紙（温室メロンではクラフト紙が多い）で果実に袋掛けを行なう。これは多少ネットをよくすることに貢献するが、本来の目的は果実の色の薄緑色化である。

⑤基本的なこととして、粘質土での栽培はネットが出にくいが、念入りに栽培すると品質はよくなる。砂質土では土壌水分が多くなったり少なくなったり刺激も多くネットは出やすいが、土壌中の養分の保持が困難なためと、乾燥のため草勢の維持には注意が肝要である。

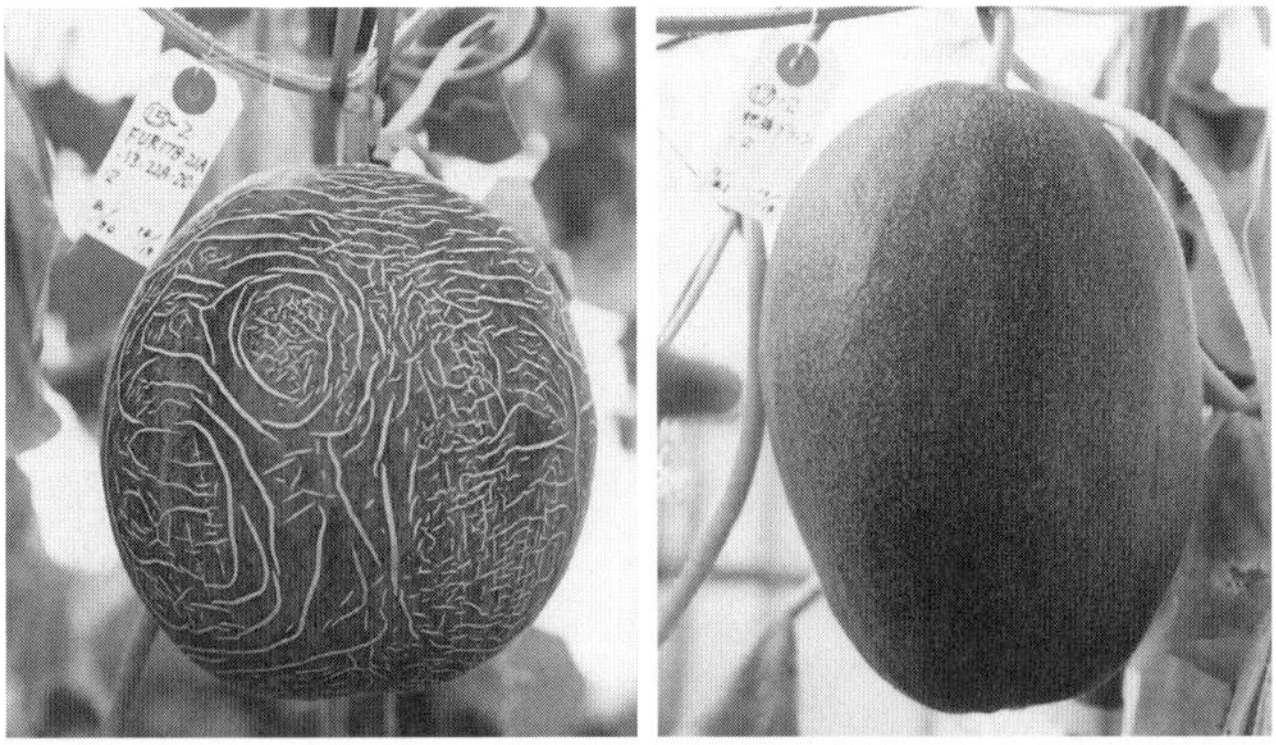

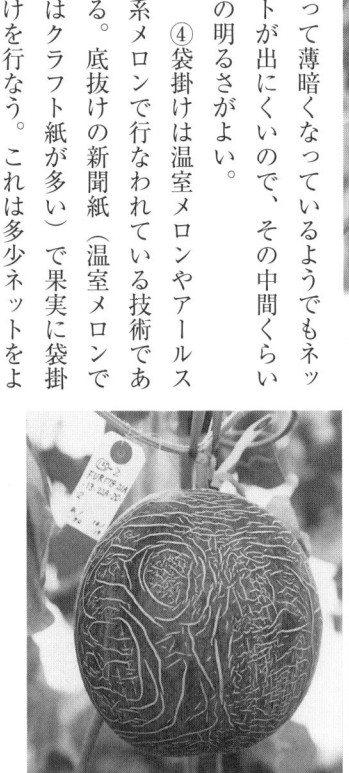

①坊主玉に近いネット　②「肥後グリーン」の坊主玉（抑制栽培では坊主玉になりやすいので，メーカーでは抑制栽培をすすめていない）

第２－41図　ネットの出ない坊主玉

★ネット完成期以降も肥大する品種がある

ネットの完成期（開花後四〇日くらい）以後は、果実の肥大はあまり行なわれないが、品種によって大きな差があり「ベールグラン二号」のように肥大性の高い品種は、それ以降も果実の肥大はわずかながら続く。後期肥大性のある品種は、低温期にはやや肥大性に欠けても、気温が上昇してくるネット発現～完成期以降でも徐々に肥大するので、低温期栽培にはありがたい特性になる。

第２－42図　とくに先端が藪状になっていない孫ひこづるでうっすらと葉がかぶさっているような状態

(5) 糖度上昇期～収穫期の管理

この時期の栽培管理がもっとも重要であることは、どの栽培書を見ても最重点として記述されている。しかし、この時期になって慌てて管理を十分にしても手遅れのことが多い。やはり総合的な管理の中の最重点時期と解釈されたい。

★糖度急上昇期の管理のポイント

収穫二〇日前から糖度の上昇が始まり、一五日前から急カーブになる。つまり、開花後成熟までの日数が五五日の品種では、三五日目ころから糖度の上昇が始まる。この時期は、側枝を伸ばそうとしても伸長はほとんどしないし、いろいろな障害も受けやすい時期である。メロンは子孫を残すための全力投球の時期である。ネット系のメロンは収穫直前まで糖度の急上昇があるので、最後まで手が抜けない。

これまでの管理の総決算が糖度上昇期の管理である。水切りとして灌水を徐々に減らし、果実の糖集積の援助をする。このとき灌水過多や窒素過多、また遊びづるの付けすぎで、草勢が強すぎると、裂果の誘発や発酵果を生じることがある。逆に草勢が弱すぎると、果実の糖集積に養分供給が追いつかず、とくに水はけがわるくない土地でも株が弱って萎凋してしまう。

栽培末期の強整枝は絶対してはなら

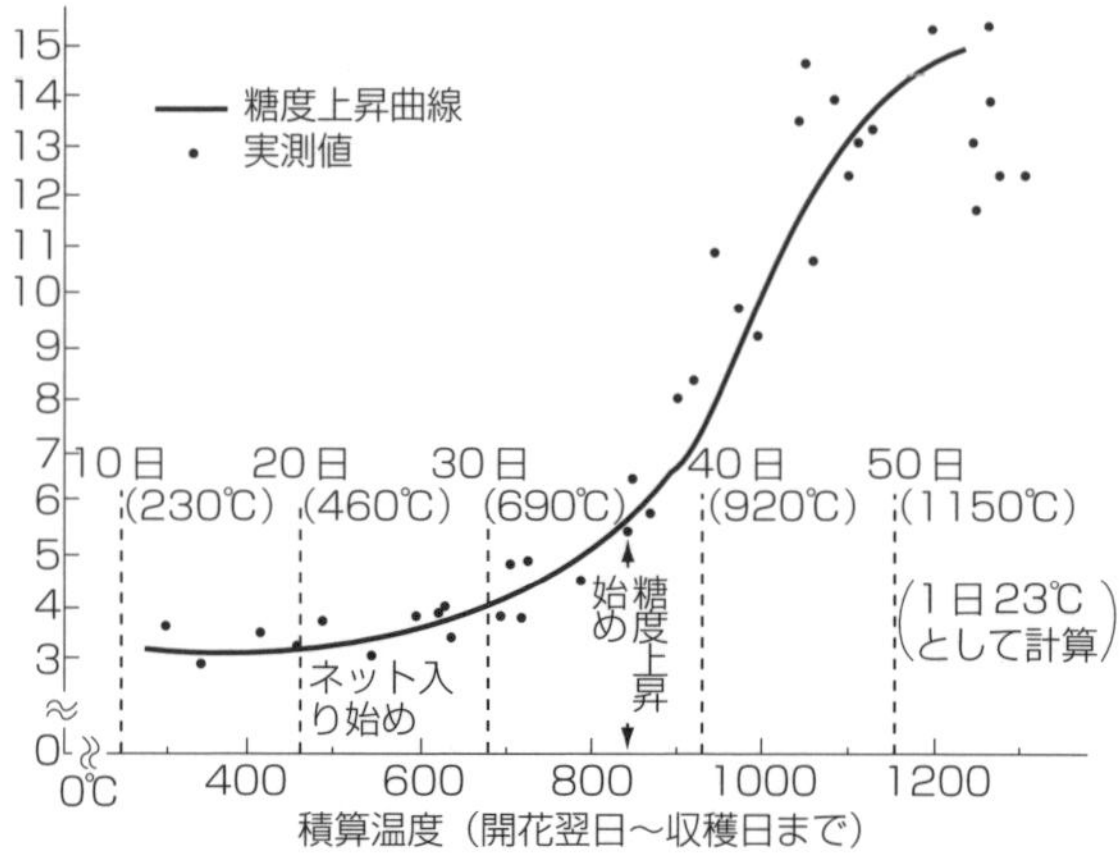

第2－43図　「ふかみどり」のトンネル栽培における積算温度と糖度上昇の関係

（新潟園試，1971）

ないことは各項目で触れているが、最も大切な栽培管理である。手入れがわるく大藪にしてしまったような場合は、急に強い整枝は行なわず、徐々に果実にうっすらとかぶさったていどの葉の密度に持っていく。しかし、最初から大藪にしないように管理していくことが重要である。

★この時期は湿害がもっとも怖い

この時期は湿害による株のくたびれをもっとも起こしやすい。とくに、梅雨末期の豪雨で地下水位が上昇し根に達するようになると、大きく湿害を受け、梅雨明けの連続晴天で萎凋現象を起こし、はなはだしいときは枯死にいたる。とくに東北、北陸の低湿地で被害が大きい。

地下水位が上昇し根に達するようになると、天候が悪いと蒸散も思うようにいかず、根の活動を大きく阻害する。まだ根の吸水能力があるうちは果実に水が溜る「水溜め果」となる。極端な場合、包丁を入れると果実内からジャージャーと水が出てくることがある。

また、根の呼吸が思うようにいかなくなると根の活力は大きく減退し、その後の天候回復で強制蒸散が強くなり

萎凋は収穫前の糖度上昇期に起こりやすい

第2－44図　収穫前の萎凋症状

地上部は萎凋してしまう。とくに栽培末期の糖度上昇期に被害がもっとも大きくなる（第2－44図）。トンネル栽培では、栽培の最終期、果実の糖分の充実期にとくに被害を受けやすい。

★湿害に強い品種と弱い品種がある

根が湿害に強いか弱いかは、まず遺伝的なものがあり、この時期の湿害は品種によって程度がかなり異なってくるので、根の丈夫な品種を選択する。栽培管理の面からの対策としては、圃場整備で地下水の水位が六〇センチ以上に上がってこないように、地下水の排水を良好にすることが必要である。

「ふかみどり」は、五〇以上の実用品種の育種親になっているが、湿害に強い特性があったから各地で利用されたものと考えられる（第2－45図）。現在も試験中だが、「ふかみどり」の血を利用した系統「試交九九一五」「試交九九一七」などは、湿害にもっとも強い。しかし、同じ「ふかみどり」の血が入っていても「ベールグラン一号」などはあまり強いとはいえない。市販されている品種では、「ふかみどり」の血を入れた「市場小路」、また血が入っていると推測できる「HN二七」などは強い。

第2－45図　葉の萎凋は同じ管理でも強い品種（右）と弱い品種（左）とがある

★最後までスタミナ維持に努める

湿害を受けないところでも、最後までスタミナの維持につとめる。草勢の維持については、湿害をあまり受けない場所でも、もっとも重要な管理時期は収穫一五日前からの糖度急上昇期である。この直前からこの時期までの強整枝はもっとも不可。また、多灌水などで草勢をあまり強くしすぎると裂果の原因となる。

果実の着果負担が多すぎると被害がひどくなるので、当初から無理な着果はしない。かなり丈夫な品種であっても栽培末期の湿害は大きなダメージを受けるものである。姑息な手段だが、梅雨明け後、急に晴天になり萎凋が始まったら、施設周辺の排水をはかるほか、黒寒冷紗などの被覆で枯死は免れさせたい。しかし、同化能力は激減するので、糖の集積はわるくなる。

★糖度上昇期の水管理と温度管理

水切りは収穫二〇日前から徐々に開始し、灌水量を減らしていく。一五センチ下のpF値は一・七あたりから開始して著しく乾いた状態の二・七にまでもっていく。収穫三～四日前には完全に灌水を中止した状態にする。

温度管理は、春作では収穫期はかなり高温になっていることが多いので、昼間通風、夜間夜冷ができればもっとも糖の上昇に貢献できる。最近、高温期の糖発現のかなり良好な品種が多くなった。

★抑制栽培での糖度上昇期～収穫期の管理のポイント

抑制栽培では、ほとんどアールス系

①硬化期の多灌水による裂果

②ネット形成初期の多灌水によるひび状ネット

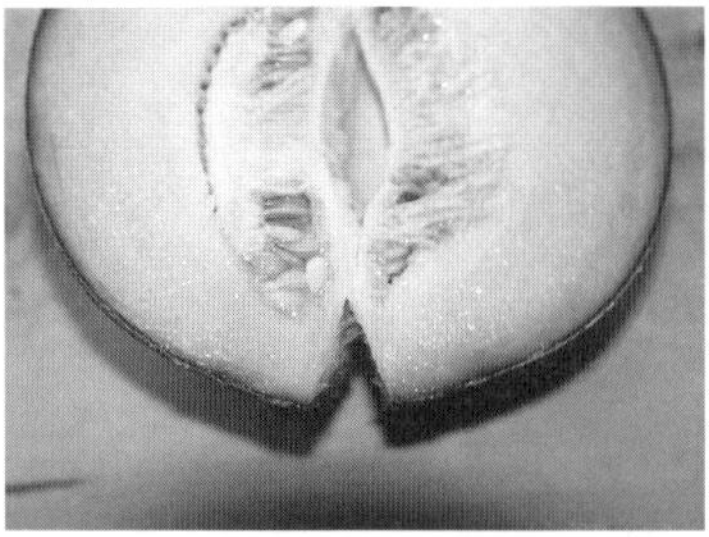

③収穫期直前の多灌水などによる裂果

④発酵果（このような極端な発酵果でも外観からはわかりにくい）

第2－46図　障害果のいろいろ

品種の栽培だが、もっとも大きな問題は秋雨前線の影響で硬化期が現われないことが多いことである。そのためネットは粗くなりやすい。収穫期は比較的低温期になっていくので、成熟日数はのびていくことが多いが、糖度は上がりやすい。

★障害果の原因と対策

生理障害果として、うるみ果、発酵果、裂果、スポンジ果、強繊維果などが発生する（第2－46図）。これらは、いずれも品種によって遺伝的に起こしやすいものと、起こしにくいものとはっきりしている。原因と対策については、巻末付録「おもな生理障害の症状・原因・対策一覧」を参照されたい。

7、二番果収穫の条件とポイント

(1) 二番果収穫の条件

二番果は、「まずかろう、安かろう」の品質不良品と目されることが多かったが、作型の前進で二番果の開花・結実期もメロン栽培の適期におさまることが多くなった。

二番果の収穫は二～三月まきの栽培ではしないほうがよいが、十一～一月まきの早い時期の栽培では、一番果収穫後もまだ適作期が続くので積極的な増収といえる。ただし、「オトメ」「マリオネット二号」など耐暑性の弱い品種は、二番果収穫には不適である。「アンデス五号」「ベールグラン二号」は適応できる品種である。

また、寒地では夏の平均気温が二五℃以下のところであれば、夏遅どりの作型も結構栽培可能である。ただ、「ルピアレッド」は暑さに弱いので問題が出ている。従来の「夕張キング」「ＩＫメロン」「キングメルテー」も高温期の栽培はかなり問題がある。

(2) 良質な二番果を収穫するポイント

そこで、計画的に良質の二番果を収穫する方法を考える（しかし、初心者は手を出さないほうが安全である）。

①肥料は有機＋緩効性（たとえば一〇〇％有機＋「ＥＸスミカエース14」）を使用する。

②一番果はやや少なめの果数とする

（ある程度老化している株を使うので、最初から無理をしない）。

③二番果は、子づるの先端に遊びづるを伸ばして着果させるが、子づる一本についてガッチリした草勢の遊びづる一本にする。

④一番果の肥大が七〇～八〇%終わったころに二番果の着果を行なう。二番果は肥大最盛期には着果しにくいが、早く着果させると一番果の品質に影響するので、この程度の時期にする。

⑤栽植密度が一番果栽培と同一の場合は、二番果の総果数は一番果の六〇～七〇%ていどにしたほうが、良果収穫には無難である。

⑥一番果収穫直後につる引きをして、株元に重なった葉や病害虫被害葉、同化能力の低下した葉を間引き、すっきりさせる。

予防的防除を行なう。また、菌をもって菌を制するものなど天敵剤の開発もしだいに増加するものと考えられるので、大いに利用をはかりたい。これらは予防的に使用しないと効果が薄くなるので注意を要する。

おもな生理障害、病害虫の症状、防除法は巻末に一括して示したので、参照されたい。

8、生理障害と病害虫

生理障害は、黄白化現象（第2－47図）などの原因不明のものを除けば、大部分品種、作期の選択と、慎重な栽培管理で克服できる。品種系統により生理障害、病害虫の発生はさまざまで、それに対応した防除態勢をとることが大切である。

農薬は予防的に使用すれば、治療的に使用するよりはるかに経済的に使用できる。天候をよく見て雨天が続けば、晴れ間にさっそく

第2－47図　黄白化現象（黄化症）

第3章

収穫・出荷とメロンの日持ち

1、収穫・出荷

(1) 収穫の時期の判断と作業

メロンの果実は、株についたまま成熟して軟化することはない。収穫期を過ぎても株についたまま放置すると、果梗の下の部分に円形の離層ができて、間もなく脱落してしまう。収穫は、この離層ができる前に行ない、収穫後成熟したものを食べるのである。

★外観と中身は必ずしも一致しない

①外観と果実内容の関係

果実の外観がよいものが必ずしも中身がよいとは限らない。品種が異なれば、とくに外観と内容はかならずしも一致しない。すばらしい外観でもあまりおいしくない品種もある。しかし、同一品種内ではかなり関係があることがわかった。

外観、とくにネットのよしあしと果実の内容を見ると経験的には、比較的栽培環境がきびしい抑制栽培では、ネットのよいものは高糖度で、果実の充実度がよく、果肉も厚いことが多いが、促成・半促成の春作では、ネットが立派でもかならずしも内容がよいとは限らないことが多い。

②未熟果を収穫しないために

日本では果梗に離層が入ったり、緑皮の品種では果皮がわずかでも黄化変色すると商品価値を失う習慣がある。このため、収穫期の判定はかなり難しい。とくにネットメロンは収穫一五日前から糖の上昇が始まり、収穫日まで糖の上昇を続けていることが多い。このため適期収穫には細心の注意が必要である。

★収穫適期の判定

①着果日付を果実ごとに付ける……最も確実だが、手間が大変。

②果実から直接発生している葉にマグネシウム欠乏様症状が発生（第3−1図）……栽培条件によってこの症状は、まだ糖発現が十分でないのに発生したり、すでに糖が十分のっているのにこの症状がでなかったり、品種間差が大きくかならずしも確実ではないが、一応の目安になる。

③果実の黄化は、果底から始まるの

で果実の底を見て判断する。

④果梗の離層が入る前に果梗の付け根付近が盛り上がってくる品種もあるので、熟練すれば収穫期判定の要素となる。

⑤地這い栽培の場合は、子づるのつる引きをして生長点を揃え、孫づるの第一節に着果させるようにすれば、収穫可能な果実は横一線に揃う。最初試し切りをして糖の上昇の確認をすれば、横一線の収穫で未熟果収穫はほとんどない（第1－30図参照）。

第3－1図　完熟すると止め葉，果実から直接発生している葉の双方にMg欠乏様症状が起こる（「アールス雅」）

★メロンの日持ち

①日持ちは品種で大きくちがう

メロンの日持ちは品種によって大きくちがい、夏季では日持ちの短い品種で二～三日、長い品種で三週間は常温で保存できる。同じ「レティクラトゥース」と呼ばれる品種群でも、アメリカのいわゆる「キャンタロープ」といわれる品種群や、日本の「パール」と呼ばれる温室メロンの血を引いたものは日持ちが短い。

温室メロン「アールス・フェボリット」の血を引いたものは

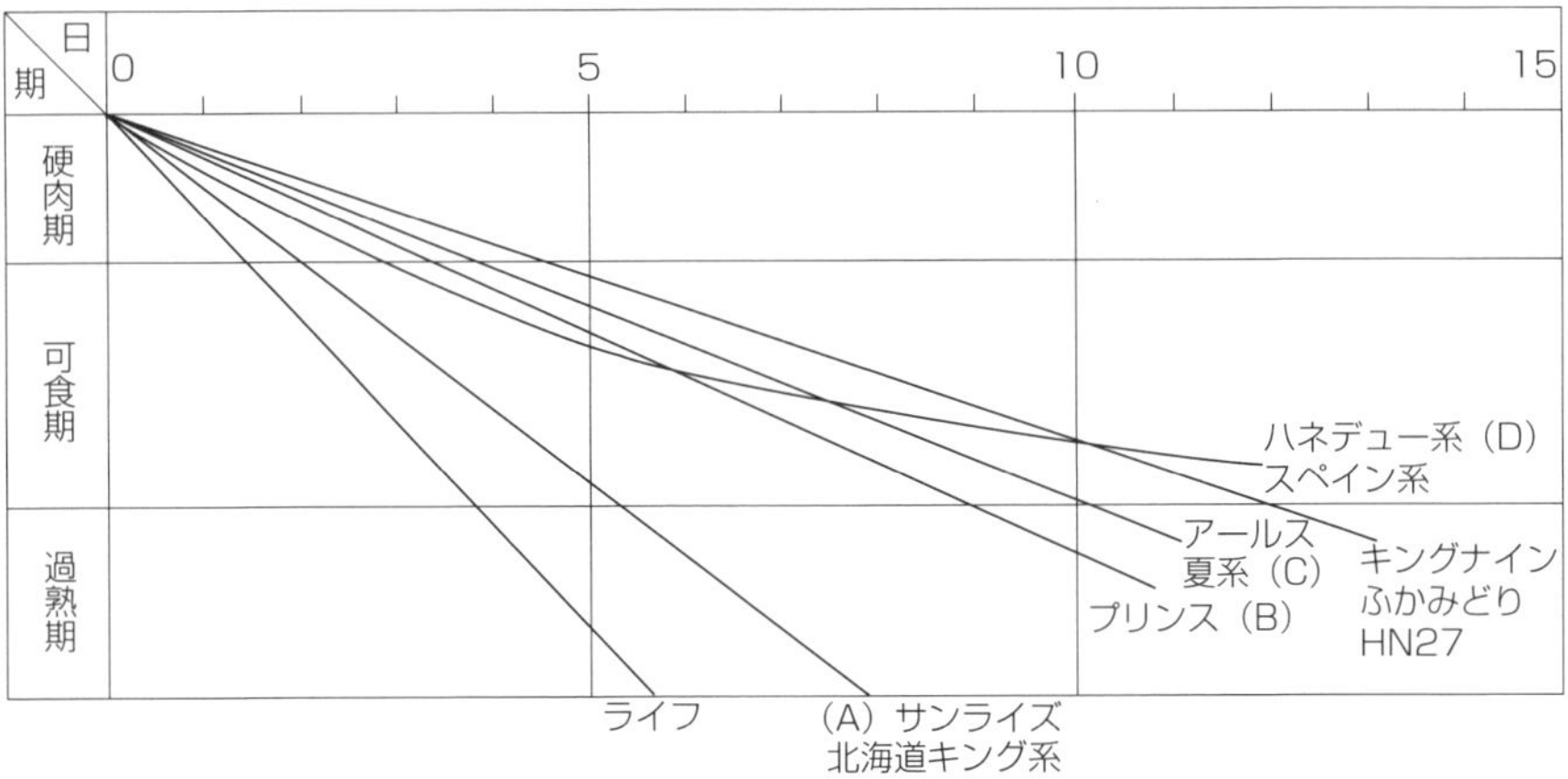

第3－2図　メロンの品種・系統と日持ちの模式図

（瀬古，1978改）

注．気温20～25℃（A～Dは北村利夫の分類によるグループ）

日持ちがやや長くなり、夏系の「アールス・フェボリット」や日持ち性がある「レティクラトゥース」の血を引いた一部のものはかなりの日持ち性がある。長い日持ちといっても最初は果肉が硬すぎ、ある期間を過ぎると、今度は柔らかすぎて崩壊に導かれる。

「インオドラス」と呼ばれる、「ハネデュー」や「スペインメロン」の系統の中には、同じ日持ちが長いといっても、比較的早くからサクサクの食べ頃になり、しだいに軟化してメルティング質の食べ頃が、当初のサクサクから三週間も続く品種もある（第3－2図）。

②成熟、日持ちとエチレンのかかわり

大藪・菅原は、種子にエチレン処理を行ない、日持ち性のないものは、エチレン感受性が高いことから根の伸長がわるく、逆に日持ち性のよい品種は根の伸長の抑制が少ないことを確認している。この試験によってメロンの日持ちの良否を種子段階から判定可能になった。また、アメリカでは「ハネデュー」のように、日持ちの長すぎる品種をエチレン処理して食べ頃を早くすることが実用化されている。北村は日持ち性の高い品種ほど、果実自体からのエチレンガスの発生量が少ないことを認めている。

乗用車のトランクにモモと日持ちのよくないメロンの品種を積んで、メロンをだめにしたとの話を聞いたことがある。これは、モモから発生するエチレンガスによって、メロンの成熟・軟化をすすめてしまったのである。このように成熟と日持ちの生理には、エチレンガスが深く関わっている。

(2) 収穫、選果、出荷の留意点

★収穫作業はていねいに

少なくとも日本ではまだメロンは高級品扱いである。収穫直後は硬いからと安心して乱暴に扱うと、ぶつけたりした所が後ですぐ傷んでくる。個選の場合は各自で十分注意しながら作業（運搬、格付け、箱詰め、荷づくり）を行なう。

収穫作業は日中の高温の時間帯を避けて、できるだけ朝のうちに行なう。

★信頼のおける選別

共選が行なわれている産地では、収穫後できるだけ早く選果場に輸送する。この場合目で見てすぐわかるような不良果は、選果場に行く前に自分で排除するのが当然である。

最近、大産地では個選は少なくなり共選が行なわれているが、以前不良品の排出が困難であった共選も、最近は機械選果の発達で、選別がうまくいくようになり、個選より共選のほうが信頼が置けるようになった。とくに熟度や糖度が機械的に判別できるようになり、大産地出荷品の市場での信用度がいちだんと増してきた。しかし、新型の選果機も発酵果とうるみ果が識別できなかったり問題がないわけではない。これらの機械は、しだいに改良されつつある。

★食べ頃の表示

温室メロンやアールス系メロンでは、食べ頃の表示が行なわれていることが多いが（第３－３図）、ハウスメロンでは、この表示はほとんど行なわれていない。というのは、代表品種の「アンデス」が収穫後三～四日で食べ頃になるので、とくに表示を必要としなかったからである。

また、最近は外皮が黄色になってから日持ちが続くような品種も現われ、食べ頃表示の必要性も一部では薄くなったが、以前栽培が多かった「ふかみどり」や、現在栽培が多い「ＨＮ二七」「市場小路」のように収穫してしばらくたって、ようやく食べ頃になるような品種や、逆に日持ちが短い「北海道キング系メロン」「キングメルテー」のような品種は、やはり食べ頃表示の必要性が大きい。

日持ちがよく、なかなか食べ頃にならない品種（アールス系メロンのほとんど）は、とくに低温期には、収穫後常温に二～三日くらい置いて出荷したほうが、消費者に未成熟でない食べ頃の果実を提供できる。

実際は月日は生産者が書き込むより販売者が書くことが多い

第３－３図　食べ頃の表示と定価札

2、メロンの日持ちと食べ頃について

直接メロンのいろいろな作業とは関係がないが、メロンの栽培者としてと

くに知ってもらいたい「メロンの日持ちと食べ頃」について、過去に流通した品種、現在流通している品種や、これから流通すると考えられる品種について解説したい。品種選択の一つの目安とされたい。

(1) メロンの日持ちと食べ頃とは？

メロンは他の果実と異なり、どのような日持ちの短い品種でも、株にならせたまま過熟にしないかぎり、収穫直後は硬くて食用にならないのがふつうである。これが品種系統によって大きな差があり、短いものでは一昼夜で食べ頃になり、長いものでは盛夏期でも七日くらいたたないと柔らかく食べ頃にならない品種もある。

同じ日持ちがよいといっても、ハネデュー系やスペインメロン系のノーネット品種は数日間で食べ頃（ただしサクサク味）になり、その食べ頃がかなり持続（しだいにメルティング質化）するが、通常ネット系の品種は日持ちがよいといっても、食べ頃になるまで時間がかかり、その後の食べ頃期間の持続はあるていどあっても、そう長くないのがふつうである。

(2) 日持ち性について大別すれば

①「パール」「ライフ」のように、収穫翌日には食べ頃になり、食べ頃がその後一～二日しか持続しないもの。「北海道キング系メロン」は片親がアールス系のため、日持ちは少しはましなていどだが、かなり短い。

②「アンデス」などは、収穫後三～四日で食べ頃になり、その日持ちがその後三～五日くらいは持続できる。現在流通している主要品種はこのタイプのものが多い。

③「ふかみどり」「キングナイン」「市場小路」のように、収穫後五～七日で食べ頃になり、その日持ちがその後五～七日くらいは保てる。

④「ハネデュー」系のように、収穫後五日で、サクサク味でやや硬いが食べることができ、その食べ頃がその後七～一五日以上も持続してしだいにメルティング質になる。

⑤最近の改良種に、台湾で改良された「ハネデュー」系、「スペイン」系にネットメロンの血を入れた親品種を利用し、日持ち性を「ハネデュー」系に近づけたもの（「タカミ」「ユウカ」「エリカ」「味の香」）がある。あまり血は濃くないが、「アンデス」も「ハネデュー」の血が受け継がれている。

⑥「ミイナ」などのように、果皮があるていど硬いことによって、四～五

日で食べ頃になり、その後食べ頃が七日くらい持続するものがある。最近はこの食べ頃が長続きすることが重視されるようになった。

(3) 品種によって食べ頃に大きな差

★「パール」が片親では極端に短い日持ち

昭和二十年代後期から育種された露地メロン（後にハウスメロンとも呼ぶようになる）各品種は、当初片親に農水省育成の温室メロン「パール」を使用した例がきわめて多かった。たとえば、島根農試角田重資育成の「新芳露」「芳潤」など、斎藤松太郎育成の「ライフ」、山形砂丘地農試育成の「デイリー」「シルク」、農水省野菜試育成の「サンライズ」など多数のものがある。

これらの品種は、いずれも日持ちは著しく不良で、収穫した翌日から翌々日には早くも食べ頃となり、食べ頃の持続も一～二日ていどであった。

★片親がアメリカの露地メロン（キャンタロープ）では日持ちはよくない

アメリカでは「ハネデュー」など日持ちのよい品種も流通しているが、多くは日持ちのない二～三日で食べ頃になる、メルティング質のキャンタロープと俗称される一連の赤肉メロンが栽培されている。遠距離輸送には氷温輸送でようやく日持ちを維持しているが、特定病害抵抗性という特性を持つものも多いので、けっこう育種にも利用されている。たとえば、「Ｃ68」「ウエスカン」「ＳＣ１０８」「リオゴールド」「ジョージア47」など日本の耐病性育種に貢献した品種も多い。しかし、大学農園育成の「キングメルテー」（「ロッキーフォード」利用）、北農試育成の「北海道キング系メロン」（「スパイシー」利用）は特定病害抵抗性を持たない（「ロッキーフォード」「スパイシー」とも特定病害抵抗性はない）。

★片親を「夏系アールス」にするとかなり日持ちがよい

日本で大正十四年に導入された「アールス・フェボリット」種が日本で人気が出た原因は、従来の温室メロン品種に比較して、芳香は乏しかったものの、日持ちがよかったこともあげられる。とくに、その後育成された夏系は日持ちがよい。

たとえば「夕張キング」に代表される「北海道キング系メロン」は「アールス・フェボリット」×「スパイシー」の組み合わせであるが、早出しには片親に「アールス春系」を使用し、盛夏期には「アールス夏系」を利用するなどの配慮も行なわれている。しかし、片親が「スパイシー」（品質佳良、日持ち不良）であるため、品質はよいが、日持ちには問題が多い。

★「アンデス」の出現で日持ちの安定期に

昭和四十年代の日本の露地（ハウス）メロン品種は、片親に「パール」を使用したり、アメリカのいわゆるカンタロープメロンを直接使用していたので、日持ちが足りないものが多く、故藤井博士をして「百鬼夜行」と嘆かせた。これが「コサック」「ふかみどり」、その後の「アンデス」「アムス」の出現でようやく安定期に入った。

北海道で高価に取引されている「北海道キング系メロン」の代表である「夕張キング」の存在はむしろ例外で、夕張でも盛夏期の生産・流通には苦労している。

(4) 今後はどう考えていったらよいか？

★もう「パール」系の品種は流通困難

いかに流通機構が整備され低温流通が発達したといっても、あまりにも日持ちが短すぎる「パール」系の品種は、〝産地直売―直ちに食用〟といった販売法以外は、流通困難と考えられる。

★アールスが片親でも、日持ちしない品種が片親では流通は特殊に

この典型的なものが北海道で栽培されている「北海道キング系メロン」である。遠距離出荷は航空便でないと不可能とか、北海道でないとこの優れた味が得られないとか、一見不利な条件をむしろ利用して希少価値をつくりあげているのである。流通業者が「アンデス」や「アムス」のようなつもりで取り扱うとかならず失敗を招く。

気象環境への対応が困難な点など、栽培者の並々ならぬ努力で優品を生産しているのである。平成六年の高温障害や七年の長雨で大きな被害を受けた。また、平成十一、十二年の八月には、致命的な熱害も受けた。しかし、その他の品種では味わえないメルティング質の食味は、今後も各方面の努力でなんとか維持できよう。今後苦労しないでも良質のメロンが栽培できるような情勢になれば、この種のメロンの将来はどうなるか予測できない。

★現在は「アンデス」ていどの日持ちがもっとも安心して売れる

日持ちの安定、優れた風味など、そ

の品種が消費者にアッピールして伸びるための条件はいろいろあるが、「アンデス」がこれまで伸びた理由は、四～七月の出荷期に三～四日くらいで食べ頃になり、収穫後七～一〇日までは安心して食べられるという、日持ちの特性が受けたことも大きな理由である。消費者にはメロンをおいしく食べるための知識が、案外浸透していないものである。

晩生すぎる品種や外観不良の品種もしだいに淘汰されてきた。外観不良の「ふかみどり」は同系の、盛夏期の特性に優れた「HN二七」に置き替わり、また最近は「市場小路」「タカミ」に置き替わりつつある。

★今後は「タカミ」のように日持ちが長続きする品種が人気に

新しい日持ちのタイプ、食べ頃になるのが早くて、しかもその食べ頃が長続きするタイプに人気が集まる。一つは、「ハネデュー系（スペインメロン？）」を台湾で馴化してネットメロンとした系統の品種の血を入れて、本質的に食べ頃を持続させた「タカミ」や「ユウカ」「緑の妖精」「エリカ」「味の香」「グランドール一号」と、果皮を硬くして中身の日持ちの持続をはかったもの、と二種類のタイプが主流となるだろう。しかし、食べ頃の開始の判定では、依然、問題を残すものである。

3、出荷形態の多様化と選択

(1) 市場出荷から個人・集団の産地直売への動き

メロンは、同じ品種を利用しても、各個人の栽培の腕によって、出荷されるメロンの品質は大きく変わってくるものである。そのようなことから栽培の腕に自身のある人は、共選の共同出荷を好まず、市場を通さずに個人で直接通信販売をする動きも多くなってきた。

茨城県などの大産地でこのような出荷形態もあちらこちらに見られる。農協離反というよりは、やはり腕のよい人、悪い人がごちゃごちゃになる共選の共同出荷に対する不満からの離脱であろう。しかも特定の市場と結んで信頼関係を得ているところも少なくない。メロンについては、出荷の検査方法が次項で述べるように改変されないかぎり、このような集団からの離脱は続くのではあるまいか。最近の総体的なメロンの価格安がこの動きに拍車をかけているようである。

現在メロンの主産県は、だいぶ限られてきたが、適地はまだまだ多い。これからメロン栽培を始めようとしている人でも、名人に弟子入りしてノウハウを吸収し、個人で優秀品を生産できるようになれば、個人の直売も利益が上がるものである。

また最近は、「地産地消」の言葉で、自分たちのつくったものはその地域で販売しようという動きが大きく、各地に農家が直接関与する直売場が設立されてきた。メロンの場合、信頼をかちえてよく売れる直売場は、「地産地消」を飛び越して遠隔地からも買い物客の車が殺到し、むしろ「地産多消」で販売を大きく伸ばしているところがある。

①七城町のメロンドーム（背景は阿蘇の外輪山鞍岳）

②メロンドーム内の売店（生産者の名札入りで販売されている）

第３－４図　熊本県七城町のメロンドームでの直売

典型的な例として、熊本県七城町の「メロンドーム」がある。販売者はすべて地元の生産者で、名札を携出して「まずいものは絶対売らない」という責任を持った販売を行っている。販売される品種も多種多様に揃えて消費者のニーズに応えようとしている（第

3－4図)。

単一品種をすべての組合員が同一技術の栽培を行なって、一元出荷をしているのも産地だが、このようなバラエティに富んだ商品を、生産者が責任をもって販売するのも大きな一つの方向である。お互いに顔をみての販売であるから、「信頼」がなければ成り立たない。今後このような方式は産地にしだいに定着していくものと考えられる。

(2) 大産地の反省と新しい試み

なんとか大産地の結束をということもあり、北海道共和町の発足・前田地区の産地は、共同で大選果機を導入した。中身の糖度も確実に測定できるとあって、確実に良品を出荷でき、共選の共同出荷の不満は大分解消したようである。とくに市場の信用はかなり強くなり、このような優秀大選果機を導入できない小産地は、大いに脅威を感じているといわれている。しかし、この最新鋭機も発酵果とウルミ果の違いを識別できず、一部の生産者の不満を買ったこともあったという。このような問題は次第に解決されていったと聞いている。価格安の昨今としては、生産者に不満を持たせず大産地内の組織に留まれるよう、共選の共同出荷の指導者は考慮を巡らせるべきである。

(3) 産地の広がりと発展に向けて

現在の品種では全国の産地はほぼ固定の状態になった。メロンの全般的な価格安が、産地の固定化に拍車をかけているようである。たとえば、湿害に強く長雨の後の急な晴天でも萎凋しない品種や、高温期でも高糖度を示す品種の出現、逆に耐低温性で肥大の良い品種の出現など、新産地の育成や旧産地の作季拡大に寄与できる品種も次々生まれている。

①大産地と作季を競合させない優秀な新品種の出現
②優秀な指導者のリード
③取り扱う出荷業者の理解
④生産者の意識改革

などがあって新産地の出現と発展が期待できる。

生産者個々も優秀な指導者からの研修を経て、誰にも負けない技術の集団、しかもそれが経営的にももうかる集団に生長できれば、新産地はゆるぎのないものとなろう。

付録1 アールス系メロン抑制栽培での生育過程と管理

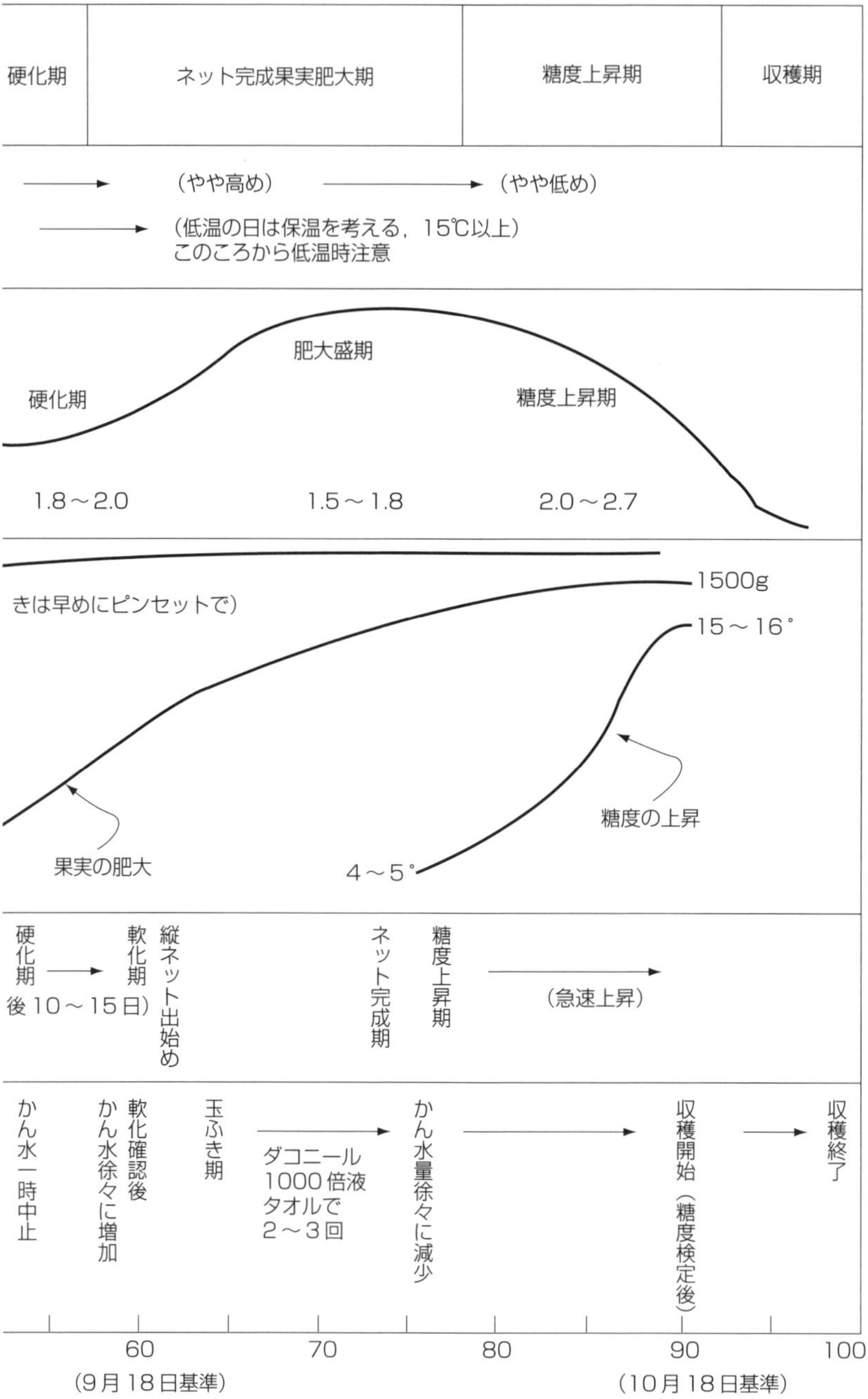

硬化期
ネット完成果実肥大期
糖度上昇期
収穫期
（やや高め）
（やや低め）
（低温の日は保温を考える，15℃以上）
このころから低温時注意
肥大盛期
硬化期
糖度上昇期
1.8～2.0
1.5～1.8
2.0～2.7
1500g
15～16°
きは早めにピンセットで）
糖度の上昇
果実の肥大
4～5°
硬化期
後10～15日）
軟化期
縦ネット出始め
ネット完成期
糖度上昇期
（急速上昇）
かん水一時中止
軟化確認後
かん水徐々に増加
玉ふき期
ダコニール
1000倍液
タオルで
2～3回
かん水量徐々に減少
収穫開始（糖度検定後）
収穫終了
60
70
80
90
100
（9月18日基準）
（10月18日基準）

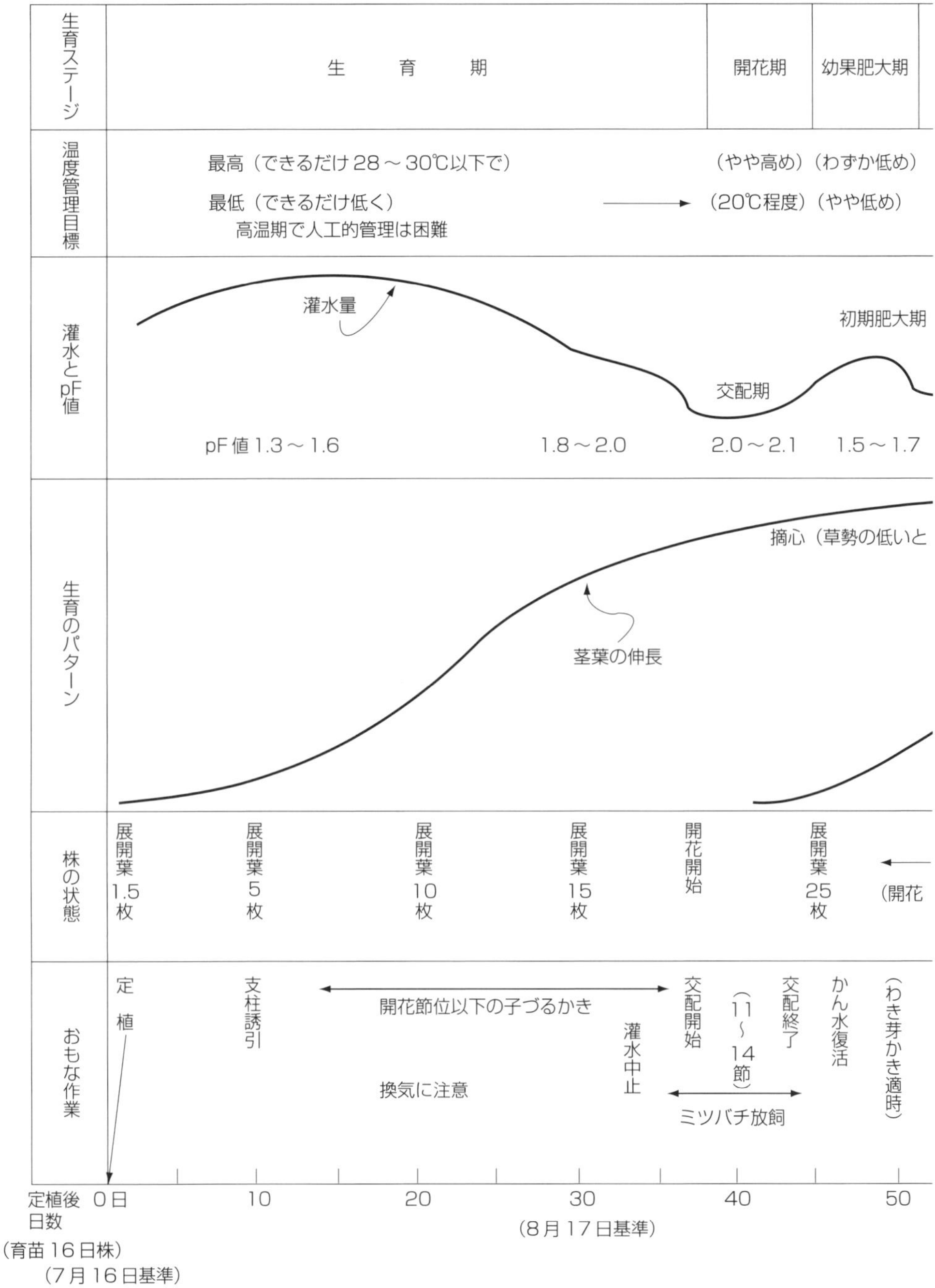
生育ステージ
生育期
開花期
幼果肥大期
温度管理目標
最高（できるだけ28～30℃以下で）
（やや高め）（わずか低め）
最低（できるだけ低く）
（20℃程度）（やや低め）
高温期で人工的管理は困難
灌水とpF値
灌水量
初期肥大期
交配期
pF値1.3～1.6
1.8～2.0
2.0～2.1
1.5～1.7
生育のパターン
摘心（草勢の低いと
茎葉の伸長
株の状態
展開葉1.5枚
展開葉5枚
展開葉10枚
展開葉15枚
開花開始
展開葉25枚
（開花
おもな作業
定植
支柱誘引
開花節位以下の子づるかき
灌水中止
交配開始
（11～14節）
交配終了
かん水復活
（わき芽かき適時）
換気に注意
ミツバチ放飼
定植後日数
0日
10
20
30
40
50
（8月17日基準）
（育苗16日株）
（7月16日基準）

図1　アールス系メロン（55日程度）**抑制栽培での生育過程と管理**

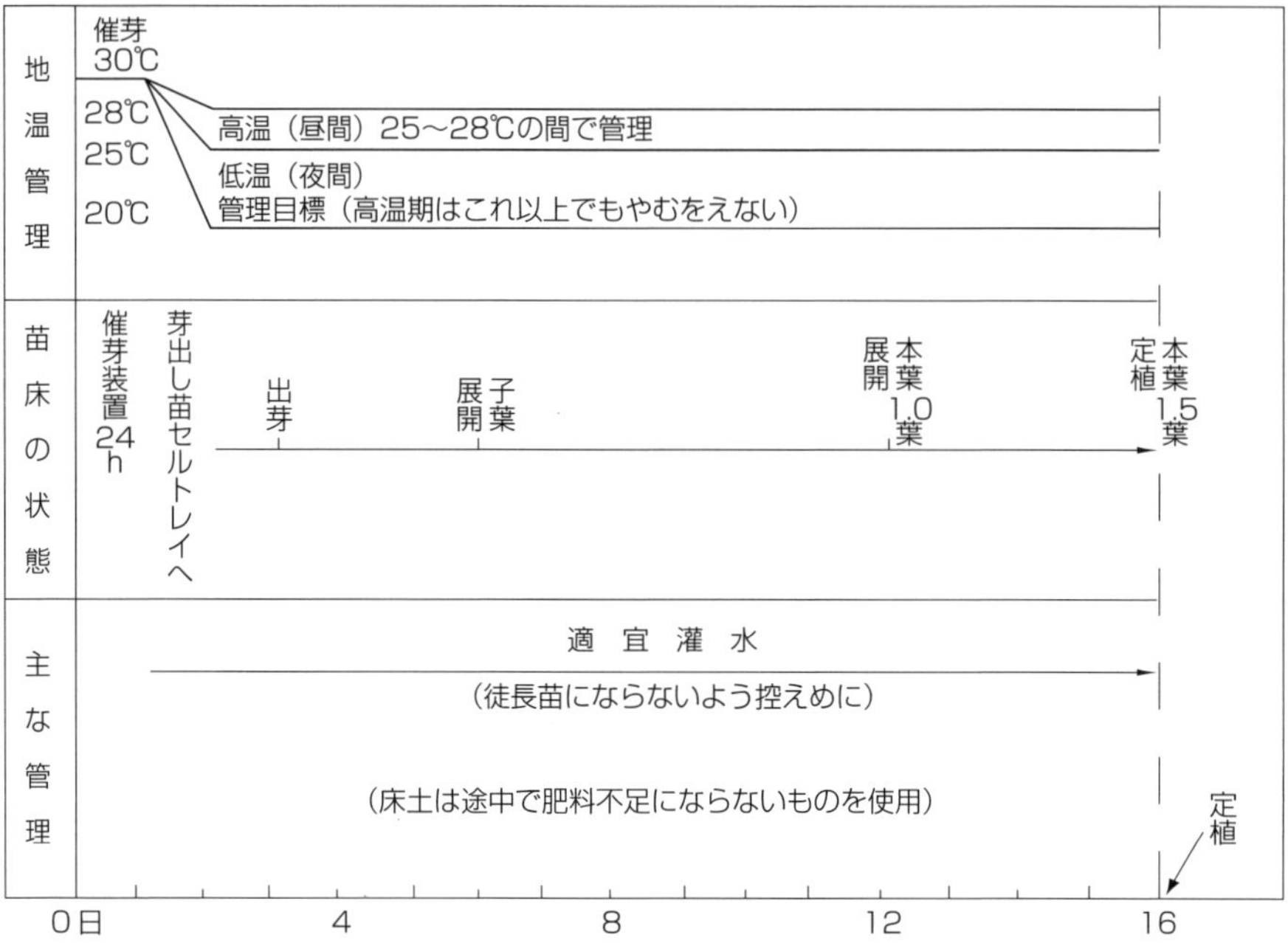

プラスチック製72穴，16日育苗，6月下旬〜7月上旬まき
（品種：アールスナイト夏系2号）

図2　アールス系メロン抑制栽培での育苗管理

注）①上記はセル成型苗用の設計だが，一般育苗では播種床3日後，発芽6〜7日程度で4〜5cm径ポットに鉢上げする。
②CMV罹病防除のため育苗施設の入口・窓などを寒冷紗＃300で覆うか，育苗床に寒冷紗トンネルをかける。

付録2　おもな品種の特徴と栽培特性一覧

（各社資料，『蔬菜の新品種』から作成）

(1) アールス系メロン（ハウス栽培用）

品種名(育成年)	育成元	育成経過	生育と果実の特徴	栽培特性と作期
サンデー秋冬型（1971）	横浜植木	夏系16号（不明確）×(アールス×南遠）　F_1	果実は豊円形でよく揃う。果皮は灰緑色。ネットの安定度は高い。果重は1.2～1.5kgの中果，果肉は黄緑色で厚く，メルティング質で食味はよい。成熟日数45～55日	栽培適期は暖地の春作で2月中旬～3月上旬播種，6月中旬～7月中旬収穫。秋作で7月下旬播種，10月下旬～11月中旬収穫。夏作は不向き
サンデー夏型（1973）	横浜植木	夏系7号選抜系×アールス初夏作系　F_1	草姿・草勢は夏系7号に似て旺盛。果実は豊円でよく揃う。ネットの発生，盛り上がりはサンデー秋冬型より良好。果重1.2kgくらい。果皮は灰白色。果肉は黄緑色で厚く，メルティング質で風味がよい。成熟日数46～55日	栽培適期は西南暖地で3月中旬から7月中旬まで播種できる。収穫期は7月中旬から10月中旬。上記2品種のほかサンデーには春型・初夏型・盛夏型・秋型・晩秋型2号・冬型があり，秋型は熊本県の10～11月収穫に使用されていた
アールスセイヌ春Ⅰ（1983）	八江農芸	冬系アールス選抜系×真珠100後代　F_1	低温生長性に優れ作期の幅が広く強健で栽培容易。葉は小型の丸葉で浅い欠刻があり，葉色は濃い。立性で雌花着生，着果は安定。果実は1.6～1.7kgが標準の球形大果で，果皮色は灰白色。低温肥大性に優れ，さらに大果になることがある。ネットの発現は極良。盛り上がりもよい。成熟日数は60日。糖度は15～16度で安定。果肉は厚く緑黄色で日持ち，食味良好	つる割病抵抗性，うどんこ病耐病性。西南暖地で12～2月播種，4月下旬～6月下旬の収穫に適する
アールスセイヌ春Ⅱ（1988）	八江農芸	夏系アールス選抜系×真珠100後代　F_1	丸葉で浅い欠刻があり，葉色は濃い。立性で雌花着生，着果は安定。果実は1.5～1.6kgが標準の球形大果で，さらに大果になることがある。果皮色は灰白色。ネットの発現は極良。盛り上がりもよい。成熟日数は55～60日。糖度は15度以上で安定。果肉は厚く緑黄色で日持ち，食味良好	寒暖の変化に順応性が高く，初夏どりに適し強健で栽培容易。つる割病抵抗性，うどんこ病耐病性。西南暖地で2～3月播種，6月下旬～7月下旬の収穫に適する
アールスセイヌ夏Ⅰ（1984）	八江農芸	(サファイア×夏系アールス）後代×真珠100後代　F_1	葉は小型の丸葉で浅い欠刻があり，葉色はやや淡い。立性で雌花着生，着果は安定。果実は1.5～1.6kgが標準の球形大果で，果皮色はやや濃い。ネットの発現は極良だが，夏Ⅱよりやや細い。成熟日数は55～60日。糖度は早期から上昇し，16度内外で安定。果肉は厚く緑黄色で日持ち，食味良好	高温適応性が高く，作期の幅が広く強健で栽培容易。つる割病抵抗性，うどんこ病耐病性。西南暖地で2～3月播種，7月上旬～8月上旬の収穫，10～11月収穫に適する

アールスセイヌ夏Ⅱ（1984）	八江農芸	夏系アールス選抜後代×真珠100後代　F_1	葉は小型の丸葉で浅い欠刻があり，葉色は濃い。立性で雌花着生，着果は安定。果実は1.5～1.6kgが標準の球形大果で，果皮色は灰白色。ネットの発現は極良で，太く均一に発現して盛り上がりもよい。成熟日数は55～60日。糖度は早期から上昇し，15～16度で安定。果肉は厚く緑黄色で日持ち，食味良好	高温適応性が高く，作期の幅が広く強健で栽培容易。つる割病抵抗性，うどんこ病耐病性。西南暖地で3～4月播種，7月中旬～8月上旬の収穫，6月中旬～8月上旬播種，9～11月収穫に適する
アールスセイヌ夏Ⅲ	八江農芸	育成経過未発表　F_1	葉は中型の丸葉で浅い欠刻があり葉面に凹凸があり，葉色は濃い。立性で雌花着生，着果は安定。果実は1.5～1.6kgが標準の球形大果で，果皮色は灰白色。ネットの発現は縦横同時で極良で，太く盛り上がりもよい。成熟日数は55日内外。糖度は16度内外で安定。果肉は厚く緑黄色で日持ち，食味良好	盛夏型として適応性がきわめて高く，すこぶる強健で栽培容易。つる割病抵抗性，うどんこ病耐病性。西南暖地で3月下旬から4月中旬の播種で，収穫は7月下旬～8月中旬。6月中旬から7月中旬にも播種可能
アールスセイヌ秋系（1988）	八江農芸	系313×冬系アールス後代×真珠100後代　F_1	葉は中型の葉で浅い欠刻があり，葉色は濃い。立性で雌花着生，着果は安定。果実は1.5～1.6kgが標準の球形大果で，果皮色は灰白色。ネットの発現は極良で，太く均一に発現して盛り上がりもよい。成熟日数は55～60日。糖度は15度以上で安定。果肉は厚く緑黄色で日持ち，食味良好	高温期でも草勢確保可能，環境の変化に順応性が高く栽培容易。つる割病抵抗性，うどんこ病耐病性。西南暖地で7月下旬から8月上旬の播種で収穫は10月下旬～11月下旬になる
アールスセイヌ秋冬Ⅱ（1988）	八江農芸	冬系アールス選抜後代×真珠100後代　F_1	葉は中型の丸葉で浅い欠刻があり，葉色は濃い。立性で雌花着生，着果は安定。果実は1.6kg内外が標準の球形大果で，果皮色は灰白色。ネットの発現は極良で，太く均一に発現して盛り上がりもよい。成熟日数は60日を要し，糖度は15度以上で安定。果肉は厚く緑黄色で日持ち，食味良好	受光態勢がよく，肥大性に優れ，環境の変化に順応性が高く強健で栽培容易。つる割病抵抗性，うどんこ病耐病性。西南暖地で8月中旬から9月上旬の播種，11月下旬から1月上旬収穫に適する
アールスナイト春秋系（1988）	サカタのタネ	ナイト4系統総合 ①各作型別アールスメロン ②（耐病性シャランテ×C68）×アールス夏系後代 ③（耐病性シャランテ×C68）×アールス夏系後代	草勢は強く，草姿は立性でバランスはよい。節間長く大葉。雌花着生は安定し着果も良好。収穫まで55日程度。果形は腰高の球形。果重は1.4～1.6kg程度。ネットはややあらめだが，太く盛り上がりよく発生する。果肉色は緑，糖度は13～16度で安定する。食味はやや粘質で果肉の発酵は少ない	つる割病抵抗性，うどんこ病耐病性。西南暖地で1～2月の播種，5～6月収穫，8月播種，12月収穫に適する
アールスナイト早春晩秋系（HN20）（1988）	サカタのタネ		草勢は強く，草姿は立性でバランスはよい。節間長く大葉。雌花着生は安定し着果も良好。収穫まで55日程度。果形は腰高の球形，果重は1.4～1.6kg程度だが，4系統同時播種では最も大果になりやすい。ネットはややあらめだが，太く盛り上がりよく発生する。果肉色は緑，糖度は13～16度で安定する。食味はやや粘質で果肉の発酵は少ない	つる割病抵抗性，うどんこ病耐病性。西南暖地で1月下旬～2月播種，5月中旬～6月収穫，7月下旬～8月中旬播種，10月下旬～11月中旬収穫に適する

アールスナイト夏系1号（1988）	サカタのタネ	④アールスセイヌ秋冬系後代	草勢強，葉色濃く草姿は立性でバランスはよい。雌花着生は安定し，着果も良好。収穫まで55日程度。果形は球形，果重は1.4～1.6kg程度。ネットはややあらめだが，太く盛り上がりよく発生する。果肉色は緑，糖度は13～16度で安定する。食味はやや粘質で果肉の発酵は少ない	つる割病抵抗性，うどんこ病は耐病性だが，条件が悪いと罹病することがある。一般地で3月上旬～4月下旬播種，7～8月収穫，6月～7月下旬播種，9月上旬～10月下旬収穫に適する
アールスナイト夏系2号（1988）	サカタのタネ		草勢は強く、草姿は立性でバランスはよい。雌花着生は安定し着果も良好。収穫まで55日程度。果形は腰高の球形、果重は1.4～1.6kg程度だが4系統同時播種では最も小果になりやすい。ネットはややあらめだが太く盛り上がりよく発生する。果肉色は緑、糖度は13～16度で安定する	つる割病抵抗性，うどんこ病耐病性。一般地では3月中旬～4月下旬播種，7～8月収穫，6月～7月中旬播種，9月上旬～10月中旬収穫に適する
アールスナイト盛夏系（1993）	サカタのタネ	アールスセイヌ秋冬系後代×夏系アールス　F_1	草勢はやや強く，草姿はコンパクトな立性でバランスがよい。葉は中葉で側枝の発生・雌花着生はきわめて安定。果重は1.5～1.7kgと大きくやや腰高の球形となる。果皮は完熟後も黄化せず灰緑色。ネットの発生は太く盛り上がり美しい。果肉は黄緑で厚く日持ちもよい。糖度は14～16度で安定。肉質と相まって食味も良好である	つる割病抵抗性，うどんこ病耐病性。栽培は「アールスナイト夏系2号」では大玉に過ぎる4～5月播種に向く
雅早春晩秋系アールス（1993）	横浜植木	秋系アールス×クレスト春秋系後代　F_1	葉はやや大きく，草勢が強いので後半の衰えが少ない。果実は1.6～1.8kgのやや腰高の豊円形となる。果皮色は灰白色で，ネットは強弱が少なく，調和のとれた仕上がりになる。果肉は黄緑色できわめて厚い。肉質はメルティング質で，糖度は安定して14～16度となり食味は良好	つる割病抵抗性，うどんこ病耐病性。黒点根腐病や黄化葉症にも比較的強い。西南暖地では12月上旬～2月中旬播種，4月中旬～6月中旬収穫と8月中旬以後の播種，11月下旬以後の収穫となる
雅夏系アールス（1993）	横浜植木	渥美アールス改良系×クレスト春秋系後代　F_1	葉はやや小さく，草姿は立性で根張りよく，耐暑性に優れる。雌花着生は安定し着果もよい。果実は1.6～1.8kgのやや腰高の豊円形となる。果皮色は灰緑色で，ネットは密に発現し盛り上がりはよい。果肉は黄緑色できわめて厚い。肉質はメルティング質で，糖度は安定して14～16度となり食味は良好	つる割病抵抗性，うどんこ病耐病性。黒点根腐病や黄化葉症にも比較的強い。西南暖地では3月上旬～7月中旬播種，7月上旬～10月下旬収穫が適期である

雅春秋系アールス（1995）	横浜植木	（夏系７号×有望 F_1）後代×静みどり３号後代　F_1	葉はやや小葉，草姿は立性，葉の老化遅く生育後半まで樹勢良好。雌花着生の安定度高く着果性もよい。果実は 1.6 ～ 1.8kg の球形で，仕上げ期の玉のびがよく，変形果・発酵果になりにくい。果皮色は灰白色で，ネットは太く盛り上がりはよい。果肉は黄緑色できわめて厚い。肉質はメルティング質で，糖度は安定して 15 度以上となり食味は良好	つる割病抵抗性，うどんこ病耐病性。西南暖地では１月下旬～３月中旬播種，５月下旬～７月上旬収穫，７月中旬～８月上旬播種，10 月下旬～ 11 月中旬までの収穫となる
雅秋冬系アールス（1995）	横浜植木	（夏系７号×有望 F_1）後代×クレスト秋冬系後代　F_1	葉は中葉，草姿は立性，葉の老化遅く生育後半まで樹勢良好。雌花着生の安定度高く着果性もよい。果実は 1.6 ～ 1.8kg の球形で，仕上げ期の玉のびがよく，変形果・発酵果になりにくい。果皮色は灰白色で，ネットは太く盛り上がりはよい。果肉は黄緑色できわめて厚い。肉質はメルティング質で，糖度は安定して 15 度以上となり食味は良好	つる割病抵抗性，うどんこ病耐病性。西南暖地では８月中旬～１月中旬播種，11 月下旬～５月下旬までの収穫が適期である
クレスト春秋系アールス(1989)	横浜植木	（ボレロ×夏系７号後代）×（アールス，ふかみどり，久留米２号混植）後代 ERD　F_1	葉は中葉，葉色やや淡。節間やや長。草勢きわめて旺盛。低温伸長性あり。果実は 1.5 ～ 1.7kg の球形で，優れた豊円形を呈する。玉の肥大は良好。果皮色は灰白色で，ネットは強く盛り上がり，ともに良好。ネット形成の安定度はきわめて高い。果肉は黄緑色で厚い。糖度は安定して 15 度以上となり食味は良好。日持ちは良好で収穫直前の果皮黄化や過熟果の心配はない	つる割病抵抗性，うどんこ病耐病性。西南暖地で２月下旬～４月上旬播種，６月下旬～７月下旬に収穫，また７月上～下旬播種，10 月上旬～ 11 月上旬の収穫が適する
クレスト秋冬系アールス(1989)	横浜植木	（アールス秋系１号後代）×（アールス，ふかみどり，久留米２号混植）後代 ERD　F_1	葉はやや大葉，葉色やや淡。節間やや長。草勢きわめて旺盛。低温伸長性あり。果実は 1.5 ～ 1.8kg の球形で，低温期の玉の肥大は良好。果形は優れた豊円形で，揃いよく安定している。果皮色は灰白色で，ネットは密度・盛り上がりともに良好。外観の安定度は抜群である。果肉は黄緑色で厚い。糖度は安定して 14 度以上となり食味は良好	つる割病に抵抗性，うどんこ病も耐病性。西南暖地では８月上旬から 12 月下旬まで広く播種でき，11 月中旬から翌４月下旬まで収穫可能
クレア（1993）	横浜植木	濃緑皮系アールス後代×クレスト春秋系後代 F_1	葉は淡緑色でやや大きいが草勢は強い。雌花は大きく着生は安定し着果性もよい。果実は 1.7 ～ 2.0kg の大玉だが，果形の安定性は高い。果皮色は灰緑色で，ネットは大きく盛り上がり，勇壮に仕上がる。果肉は淡黄緑色で厚い。糖度は安定して 15 度以上となり，食味は良好	つる割病抵抗性，うどんこ病耐病性。西南暖地では１月上旬～３月上旬播種，５月上旬～７月上旬収穫，８月上旬以降の播種，11 月中旬からの収穫が適する

注）サンデー系２品種を除き，すべてつる割病抵抗性，うどんこ病耐病性である。うどんこ病耐病性の程度は品種によってかなり異なる

(2) ハウスメロン（ネット系）

（育成経過の（　）内は交配後選抜系を示す）

品種名（育成年・育成元）	育成経過	生育と果実の特徴	栽培特性と導入のポイント
アンデス（1977年）サカタのタネ	（コサック×リオゴールド）×（アールス×ハネデュー）　F_1	果実は球形で1～1.3kg。果皮色はやや緑色が濃い。成熟すると部分的に黄緑を帯びる。ネットは密に発生するが盛り上がりに乏しい。成熟日数は55日程度。糖の発現，肉質食味はよい。肉質悪変も少なく日持ちもよい。つる割病抵抗性，うどんこ病耐病性	果実はやや高節位着果が適。草勢を保つために常に生長点を残すような栽培を行なう。ハウス半促成栽培や早熟栽培で着果性は良好。促成では大玉になりにくい。梅雨期の日照不足でも糖度は上がりやすく裂果も少ない。適地ではトンネル栽培も可能
アンデス2号 HN21 サカタのタネ	未発表	アンデスの早期栽培で果実が小型で困る時期に，「アンデス」銘柄で出荷されている品種。果実外観，特にネットはアンデスとよく似る	低温生長性や低温での花粉の生成はよい。アンデス2号は主として熊本県で，HN21は茨城・熊本両県で栽培されている
アンデス5号 旧名（SK_6-177）（2001年）サカタのタネ	未発表	名称はアンデス5号だが，特性はかなり異なっている。糖の発現は極安定しているが，早生性，果実の肥大は前者より劣る	耐高温特性にも優れているので，アンデス2号，HN21より遅い作型に適している。開花はやや晩生である
オトメ（2000年）タキイ種苗	未発表	低温伸長性に優れ，大果，低温での花粉の出もよい。しかし高温時の特性はかなり問題があり，遅まきや二番果収穫には不適	茨城県の無加温，年内まきに急速に普及してきた。種苗は茨城県の特定業者の取り扱いで，一般には販売されていない
アムス（1974年）日本園芸生産研	（アールス×ロッキーフォード）×オーゲン分系　F_1	果実は球～短楕円形で1～1.5kg。果肉色は淡緑で肉厚。高温期も糖の発現は安定。成熟日数は55日程度。肉質良好。日持ちもよい。肉質悪変，果実の裂果性はほとんど見られない。つる割病抵抗性，うどんこ病耐病性	果皮は虎縞状で10本の浅い縦溝が入る独特の外観。現在はだいぶ消費者もなれてきた。耐暑性は強いが低温伸長性にやや欠ける。春ハウス用や適地でのトンネル栽培に適する。抑制栽培も可能。春早い作型ではやや小果になる
真珠100（1979年）八江農芸	（アメリカ導入種×丸横3号）×真珠後代 F_1	真珠の雌花着生の不安定性，高温期の果形の乱れ，つる枯病に弱い欠点を改良。果実は球形で1.5kg程度。成熟日数は55～60日程度。雌花の開花は遅くかなり晩生。ネットの盛り上がりはよく太く，アールス的である	うどんこ病，つる枯病にはかなり強いほうで，つる割病には抵抗性。晩生のため春早出しのメリットは少ないが，抑制では特徴を発揮。高温期には果形の崩れ，肉質の低下があり，やや遅まきがよい

天恵 (1979年) 協和種苗	ふかみどり固定系×久留米2号後代　F_1	果実は1.3〜1.5kg程度。熟期は50〜55日で，この種のメロンとしては早生系。果皮は灰緑色で，ネットは密によく発生。果肉は黄色の強い緑色。肉厚多汁で糖度も比較的高い	日持ちはやや短く，軟化が早いが，発酵することはない。草勢は強くつくりやすいほうである。北海道で夏出しに栽培が多かったが，近年はクルーガに変わってきた
クルーガ (1987年) 協和種苗	(ふかみどり×春系アールス)×天恵後代　F_1	小葉で草勢が強く，節間長中位で適地での地這い栽培に適する。果重は1.3〜1.5kgのやや腰高の球形。果皮は灰緑色でネットは密に発生して安定。果肉は淡黄緑色で厚く高糖度である。開花後55日程度で収穫期になり日持ちもよい	天恵と比較すると日持ちは大幅に改善されているが，逆に消費者に固いメロンを食べさせないように注意が必要。高温期にネットが乱れやすいので，ハウス栽培では換気に注意して，灌水ムラもなくすようにする
あきみどり (1983年) 新潟園試	ふかみどり後代×アールス夏系7号　F_1	果実は1.2〜1.5kgの整球形。果皮色はやや緑色が濃い。ネットは斉一で美しく発生する。春作も栽培可能だが，抑制施設栽培に適する。秋作に多い果底裂果にはかなり強いほうである。つる割病抵抗性。うどんこ病は秋作でやや発生	晩秋どり栽培に適する。草勢維持のための緩効性肥料の施肥と，寒地では低温対策に注意を要する。なつみどりと比較して果実が大型になりやすい。裂果が少ない，ネットが斉一に張るなどが長所だが，つるがやや細い。栽培場所によってはアールス系メロンとして取扱われている
キングメルテー (1973年) 大学農園	ロッキーフォード選抜系×(夏系アールス×パール固定系)　F_1	果皮色は灰緑だが，完熟で黄化する。果重は1.2〜1.6kg。果形はやや長めの楕円。果肉色は淡緑。メルティング質に富み糖の発現もよい。開花から45日程度で収穫。日持ちは4〜5日	可食期間が短いので，販売・購入ともに注意。特定耐病性がないので病害虫防除に注意。つる割病発生地ではメロン台木(共台)に接ぎ木をする。北海道での栽培だが最近はかなり減少
めろりん(空知交5号) (1997年) 道立花・野菜研究センター	(キングメルテー×ハーベスト5号)×(天恵×63L3)　F_1	キングメルテーの改良を目指して育成。茎葉はやや大きく草勢はやや強い。着果性はきわめて安定。成熟日数は49日程度。平均1果重は2.0kgと大果になりやすい。食味・糖度・メルティング質はキングメルテーと大きな変化なし。つる割抵抗性，うどんこ病耐病性	日持ちはキングメルテーよりわずかに長い程度。大果であることから作型の前進ができ，有利に販売できる。収穫期が遅れると果皮の黄化が進むので注意を要する。地這いで子づる2本で栽培する場合，1子づる2果として6〜10節の間に着果させる
キスミー1号 (1993年) 埼玉原種育成会	(ローラン×ふかみどり)×(アンデス×夏系アールス)　F_1	草勢強。葉はやや大。低温下の雌花の着生，着果良好。根張りよく生育末期まで草勢の維持可能。果実は1.2〜1.5kgの整円形。果肉厚く淡黄緑色。糖度は15〜16度。暖地では12月から播種可能。収穫までの標準日数は55〜58日	ネットは灌水がやや多いと縦ネットが強くなり，ヒルネットに注意。肉質は栽培法によってはやや繊維質が増加することがある。日持ち性はかなり優れており，可食開始がやや遅いので早く食べないよう注意。早まき用はキスミー2号のほうが適する

市場小路 (1992年) 丸種	(ふかみどり×夏系アールス)×ボーナス2号後代 F_1	つるの伸びが旺盛で生育が速く，雌花の着生，着果は低温下でも良好。節間・葉柄は長く，草姿はやや大型になる。ネットは太く密に発生，盛り上がりよく美しい。低温肥大性よく大果。糖度も高い	うどんこ病耐病性，つる割病抵抗性。収穫後5～7日でおいしい食べ頃。ヒルネット，裂果はわずかに発生。能力発揮は，北陸・山陰の7～8月上旬，東北・北海道の7月下旬～8月中旬どり
タカミ (1990年) 日本園芸生産研	(アムス×デリシイ)×(台湾導入試作用F_1固定系) F_1	大葉で節間はやや長い。果実はやや大型で，1.3～1.5kg程度。果色は濃緑色でネットはややものたりない。糖度はやや高く16度クラスにもなる。食べ頃は収穫後5日以降7日は続く。食味は佳良	適地ではトンネル栽培も可能だが，葉がやや弱いので，風害に注意。高温下でも糖発現はあり，発酵性はほとんどないので遠距離出荷も可能。うどんこ病耐病性，つる割病抵抗性
肥後グリーン (1989年) 松井農園	未発表（しかしvar. *inodorus*の血は入っている模様)	収穫までの日数は60～65日を必要とし晩生種である。暖地で収穫は6月中旬に終わるように1月上旬までの播種がよい。遅まきはネットがでにくい。収穫後早く食べ頃になり長続きし，食味もよい	立体栽培とし，1つる1果を厳守する。特にべと病などに強くないので薬散はきちんと行なう。過湿にも弱いので排水に注意。つる割病には抵抗性だが，うどんこ病には弱いほうである
HN27 (1989年) サカタのタネ	未発表（ふかみどりの血は導入されている模様)	かなり晩生種で高温期でも収穫まで60日程度は必要。ふかみどりに比較して果頂のとがりや，ネット不良は少ない。株は丈夫で多湿による萎凋は少ない。ふかみどりの普及していた各地で栽培が多い	3月下旬播種，8月上旬旧盆用に出荷する地帯に普及。かなり丈夫でつる持ちよくトンネル栽培も可能だが，水田転作などでは湿害に注意。うどんこ病耐病性，つる割病抵抗性
ベールグラン2号 (1998年) 住化農業資材	クレスト春秋系×(ふかみどり×ローラン) F_1	葉はかなり大型，節間・葉柄は伸びやすいほう。果実は暖地の11月まき無加温でも1.2kg程度になる。一般地の普通作型では大果になりすぎる。低温生長性があり，促成で糖度17クラスで食味佳良	茨城県・熊本県などの無加温（保温）早出し用に11月播種も可能。果実の成熟日数は促成で58～60日程度。湿害には特に強いとはいえないので排水注意。うどんこ病耐病性，つる割病抵抗性
グレース (1993年) タカヤマシード	(夏系アールス×ふかみどり)×アンデス後代 F_1	草勢中位。つる持ち良好。低温寡照下でも雌花の着生，着果安定。ネットは密で盛り上がりも良好。果重は1.3～1.5kg程度で裂果，変形果は少ない。また完熟後でも黄化は少ない	ネットはきれいに発生するが，硬化期に高温多湿であったりするとネットの発生が悪く，逆に低温に過ぎたりすると小玉に終わることがある。うどんこ病耐病性，つる割病抵抗性
クインシー (1989年) 横浜植木	[(ボレロ×アールス夏系7号)×スーパラチブ]×(新豊玉×ふかみどり) F_1	葉は大で色薄い。葉柄は長く立性。節間短い。後半の萎凋などは少ない。雌花着生，着果性は良。栽培しやすい。果肉は厚く緻密。肉色はサーモンピンクで食味良好。糖度は16度以上	高温期でも日持ちよく発酵・過熟の心配はない。主産地ではアンデスに続く出荷用として栽培。うどんこ病耐病性，つる割病抵抗性。根は丈夫なほうである

モナミレッド （1990年） タキイ種苗	（オーゲン×ふかみどり）×[（夕張系キャンタロープ×アールス夏系）×アールス夏系] F_1	草姿は中葉。低温寡日照下でも雌花着生，着果良好。果皮は灰緑色，ネットの発生は中程度。果重は1.3～1.5kg程度。糖度は16度とかなり高い。50日程度の中早生	肥大しやすい特性はあるが、高温多湿などで玉がゆるみやすいので、硬化の促進に注意する。うどんこ病耐病性、つる割病抵抗性。根は丈夫なほうである
ルピアレッド （1990年） みかど育種農場	（I-K×アールス）×アンデス後代 F_1	現在北海道で最も栽培面積が大きい赤肉品種。草勢は中位で雌花着生は安定。低温生長性は特に良好。果実は1.3～1.5kg程度の整球形。着果後55日程度で収穫	日持ち性は良好。高温期に空洞果，裂果，実崩れを起こすおそれあり。うどんこ病耐病性，つる割病抵抗性。若干根が弱いので湿害に注意。節水管理が必要
キングルビー8号 （1982年） 川岸メロン園	（未発表） F_1	成熟日数は54日。果実は球形でネットの盛り上がり良。収穫後果実の黄化，変色は少ない。日持ち良好で収穫後7日程度で可食期。糖度は14～15度程度だが食味は佳良	収穫期の判定はやや困難なので着果棒などを立てるとよい。うどんこ病は春発生は少ないが，つる割病は激発地では接ぎ木の必要がある。種子の供給は現在一般には無理
エルシー2号 （1983年） 萩沢育種研究場	（アールスフェボリット・ロッキーフォード・M54＝多系交配）×（野生種・カサバ系・スパイシー＝多系交配） F_1	草勢はつる太く，節間長く葉は大きい。低温生長性も優れ雌花の着生は安定。果実の糖度は15度以上で安定。成熟まで55日前後を要する。日持ち性はよい	過湿には弱いので高うね排水を図る。大玉になりすぎることが多いので過湿や急な蒸込みは避ける。うどんこ病にはかなり強いが，つる割病の抵抗性はない
摩周レッド （1998年） 八江農芸	（未発表） F_1	外観はアールス的でネットも密でよく盛り上がる。果皮は薄く果肉の赤い部分が大きく，果色も濃い。果形は球形でよく揃う。日持ち良。出荷も秀品率大	糖度は著しく高いとはいえないが食味は良好。成熟日数は60日とやや晩生。日持ち良好の反面，食べ頃に注意。うどんこ病耐病性，つる割病抵抗性
I-Kメロン （1985年登録） 小林勇	夕張クイーン×アールスフェボリット F_1	黄皮，橙赤肉。夕張キングに比較して，葉の欠刻が深く，より球形であり，ネットが強く，果梗が短い。またやや晩生である	特定耐病性はないので必ず接ぎ木栽培（共台）をする。雌花着生・着果は安定している。キングメロン同様日持ちは短い
北海道キング系メロン （1939年） 北海道農試	アールスフェボリット×スパイシー F_1（季節によってアールスの系統を変えている）	育成は古いが現在でも北海道の主力品種。果実の成熟は45日程度。成熟後の離層の形成は早い。成熟すると緑皮から黄皮に変色する。しかし変色前に販売している。適熟品は味もよいが日持ちは短い	夕張キング純系は夕張農協以外門外不出。類似品種の札幌キング（大学農園）は春・秋系があり市販されている。特定耐病性がなく，気象環境にも弱いので寒冷地以外では栽培困難
パリス各系 （1992年） 八江農芸	米キャンタロープ収集固定系統×（アールス各系×セイヌ夏Ⅲ） F_1	外観はアールスとよく似てネットの盛り上がり良好。草勢は強。浅い欠刻の丸葉の小葉。草姿立性。果重1.5～1.6kg。果肉は橙赤色が濃い。糖度は15度程度で安定	春Ⅰ・春Ⅱ・秋Ⅰ・秋冬Ⅰの4系統がある。クインシーがトンネル栽培を含めてのハウスメロンであれば，この系統は赤肉のアールス系メロンともいえる

ロゼ（1996年）ナント種苗	キング選抜後代×欧州導入キャンタロープ選抜後代　F_1	低温生長性は強く早出し栽培用。果実の成熟日数は45～50日と短く，収穫果はメルティング質で糖度も高く食味もよい	早出しではやや小玉になりやすいので北海道の栽培面積は伸びていない。高温期の収穫では果底裂果，株萎凋が問題

(3) ハウスメロン（ノーネット系）

品種名（育成年・育成元）	育成経過	生育と果実の特徴	栽培特性と導入のポイント
ホームランスター（1977年）小林種苗	白色系ハネデュー選抜系×耐病緑色系ハネデュー選抜系　F_1	果皮は乳白色で美しい。果肉は白色。糖度は15度以上と高く安定。肉質はメルティング質。熟期判定はやや困難。収穫は開花後40～45日。果実は腰高の球形で1.1～1.3kg。花つきは比較的良好	播種期はやや遅い作型が適。ハネデュー系だが高温時の品質低下は少ない。着果良好で数の制限が必要。裂果性は強いほうだが，排水不良地では要注意。べと病，うどんこ病にはかなり強い
ビレンス（1986年）日本園芸生産研	アイボリー後代×ホームランスター後代　F_1	果皮は白，果肉は緑色。果重は1.2～1.5kg。成熟日数は45～50日。糖度は15～17度で高温期の低下は小さい。肉質良好で発酵性はない。日持ちよく室温で15日程度。雌花の着生も安定し，ホルモン剤も使用可能	ハウス春作立ち，地這いの双方に適。秋作は不向き。立ち栽培は20節摘心で11～14節に1果着果。地這いは2本立て25節摘心で12～16節に2果着果とする。特定耐病性ではなく，寒地に栽培多い
アリス（1981年）タキイ種苗	[（耐病性シャランテ系×早生系ハネデュー）×スペインメロン系]×（耐病性ウインター×中国系白皮系）　F_1	雌花の着生よく着果は容易。果重0.7～1.0kg。肉質よく糖度も16～17度となる。ナイスに比較して食味の向上，裂果性の改良など顕著な進歩がみられる	うどんこ病に強く栽培は比較的容易。ハウス半促成や抑制栽培に向く。やや根が弱いので急激な乾燥で萎凋しやすく，メーカー指定のカボチャ台木を使用

（4）露地メロン

品種名（育成年・育成元）	育成経過	生育と果実の特徴	栽培特性と導入のポイント
パパイヤ（1979年）愛三種苗	バレンシアノ テンプラノ選抜系×（黄珠×小姫後代） F_1	草勢強く，果実は0.8～1.0kg程度の長楕円～楕円形となる。芳香はないが，白肉で糖度は15度以上で果皮の近くまで甘い。高温期でも10日以上の日持ちがあり，成熟日数は40～45日程度の早生種	ネーミング優れ一時栽培激増。栽培しやすく着果性が良好のため着果過多の問題を生じやすい。特に2番果は品質が落ちやすいので無理な着果は慎む。特定耐病性はないので，栽培は要注意
シーボルト2号（旧206）（1982年）八江農芸	シーボルト後代×台湾導入種選抜系 F_1	栽培適期は西南暖地の促成は1月上旬～2月中旬まき，抑制は8月中旬～9月上旬まき，栽培日数は約40日，悪天候でも着果容易。果皮は純白から淡いアイボリー色。果重1.0kg内外。糖度は15度内外	側枝の発生伸長はやや弱く，着果後はほとんど整枝の必要はない。春の遅まき，秋の早まきは，果実が大きくなり過ぎる危険性がある。施肥は多肥とし，元肥主体で初期生育を旺盛にする
キンショー（1968年）スペインメロンKK	（テンドラルアマリーロ×黄マクワ）×テンドラルアマリーロ F_1	果実は楕円球形で0.8～1.0kg，果皮は濃黄色，果肉色は白。糖度はプリンスよりやや低いが安定。食味は良好だがややマクワ的。成熟日数は35～40日。日持ち良，発酵なし	特定耐病性がないので防除に注意。抑制栽培は特に注意。水分管理を適正にしないと裂果の原因となる。過繁茂は果実の色を落とすので要注意
プリンス（1962年）坂田種苗	南欧のシャランテ系×ニューメロン F_1	果皮は銀灰色。果肉は淡緑～淡橙色。果重0.4～0.8kg。糖度は14～18度。成熟日数は32～36日程度。特定耐病性はないが，マクワウリの血で露地では気象環境に強い	つる割病に弱いので発病地ではメーカー指定接ぎ木栽培を行なう。優品産出のためにはその土壌・作型にあった台木選択が必要。耐病性FRプリンス，プリンスPFもある
アスコット（1974年）大和農園	（パール×ラジャー）×（ルナ×栄寿） F_1	果皮は黄色。果肉は白色。キンショーより丸型で1果重は小。着果安定。高糖度。良食味。収穫までの日数45～50日。低温着果良好	着果過多に注意。多肥はそれほど心配はないが湿害に弱い。多灌水で裂果を生じやすい。日持ちはキンショーより劣る
北海甘露（1977年）萩沢育種研究場	甘露系交雑後代×（縞瓜×中近東のマクワ型メロン） F_1	北海道ではハウス・トンネルの両作型に適。ハウスでは3月中旬から播種可能。果肉は黄緑色で肉厚。うどんこ耐病性，つる割抵抗性	外観はマクワウリでも食味はかなりメロンに近い。遅い秋作は避ける。多肥や降雨で裂果が発生することがある

付録3 おもな生理障害の症状・原因・対策一覧

（新潟県栽培指針をベースに改編）

生理障害名	症　　状	原　因　と　対　策
葉枯れ症	着果節位付近の葉縁あるいは葉脈間に褐変枯死組織が発生，甚だしいときは全株におよぶ	直接は苦土欠乏症状。乾燥，塩類集積土壌で根からの養水分の吸収阻害，着果過多，強整枝，日照不足による根の活力低下による。対策としては深耕・整枝などに注意し，根の活力を保持
葉の黄白化現象（黄化葉症）	収穫近くなってこれから糖発現が始まろうとしている時期に，突然多くの本葉が黄白化の現象を起こす。本葉の同化作用も停止するので果実の糖蓄積も妨げられ，甘くない果実になってしまう。ゲリラ的に発生する	根量を増やし，徒長させないように管理し，ストレスに強い草勢にコントロールするなどの栽培環境に注意する。果実負担の少ない小果種では発生は少ないが，遺伝的なものではないようである（竹下）。土壌改良剤（「かにこうぼ」）の激発後の使用で翌年発生を見なかったが，黄化葉症はゲリラ的な発生を見せるものでもあり，再現試験をしていないので，効果は断定できない（瀬古）
急性萎凋症	主として果実の収穫近くになってから発生。日中に葉がしおれて，次第に夜間になっても回復しないで甚だしいときは枯死する	梅雨明け後急激な日照の増加と，果実の糖度上昇期が重なると特に発生が甚だしい。葉枯れ症の発生原因でなお助長される。梅雨期に根を弱らせないための排水，適正着果，根の老化防止，堆肥の施用で土壌の水持ち，水はけをよくする。この症状は品種によって差が大きい
肩こけ果	果頂部がとがったり，果頂の肥大がわるく肩がこけるようになり，洋ナシのような形となる。低温期に発生が多い。前半の強草勢，後半の草勢低下でも発生が多い。品種によっても差がある	果頂部の種子の入りがわるく，この部分の受精不良による（低温期の原因）。幼果期の保温で受精を安定させ幼果の発育をよくする。また肥大期の水分不足，養分転流がうまくいかないことにもよる（後半の草勢低下）。花芽分化，交配を良好に行なわせ適正な肥培管理が重要。多肥栽培を避け，肥大期に肥効が十分持続させられるようにする
スポンジ果・強繊維果	果肉の水分が少なく，繊維だけが残ったようなスポンジ状の果肉になる。強繊維果は果肉の繊維が強く発達したもので，商品性が低くなる	果実肥大期の水分不足によるもので，砂丘地や台地のような水分不足をきたす場所で発生が多い。灌水の実施で発生が抑えられる。また強整枝などで根の活力が衰えたときも給水がうまくいかず発生する。強繊維果はネット完成後の水分不足に起因することが多い。アムス・デリシイでは発生は少ない
裂　果	ネット発生期の大割れ，収穫直前の果肉の底部のひび割れの両タイプがある。前者は果実硬化後期の低温と一時的な多灌水が発生を助長する。後者は気温低下期の秋の抑制栽培に多い。収穫前の水分過多，多灌水，強草勢で発生が多い。ノーネット系は発生が多い。ネット系も品種による差が大きい	裂果そのものは，土壌水分・湿度の急激な変化による体内水分のバランスの乱れ，肥大のバランスのくずれ（過剰給水，低温，果皮の硬化）によって起こる。ネット発生初期の割れは硬化期後期や，灌水開始期の灌水過多によることが多い。また収穫直前の裂果は強草勢，品種特性，過熟，水きり不良によることが多い（特に施設の抑制栽培で注意）。灌水の適正化と排水対策を十分に行なっておく。裂果性は品種によりかなり異なるので，裂果しにくい品種を栽培する

坊主玉およびネット発生不良	ネットが発生しなかったり，発生しても均一に発生せず密度と盛り上がりに乏しい。ネットの形成は品種本来の特性にもよるが，市場ではネットで評価を受けることが多い	大玉になりすぎて果皮が硬化した場合（寒地系メロンの高温期栽培など），直射日光が強く果皮の一部にあたって硬化が進んだ場合（この場合は部分的なネット不良），当初のひび割れがうまく入らずネット不良になる。また地下水位が異常に高い畑で雨が続いたりして，硬化期が現われにくい条件でネット形成は不良になる。草勢の保持，適正着果，過湿防止，保温，袋かけ（施設）などで防止を図る
果面汚斑果	果面に２～5cm のにじみのある斑点（ハロー），白変したコルクスポットが発生する。施設の抑制栽培では軟らかい幼果のころに通路側で発生が多い	日照不足，土壌水分過多，空中湿度過多，窒素過剰，過繁茂，薬剤の刺激があげられる。対策としては窒素過剰にしないこと，湿度の低下，着果の安定，薬剤濃度を高くしない，などの注意が必要である。施設の抑制メロンでは，袋かけも有効である
発酵果	果肉，特に胎座部から水浸状（うるみ）になり，アルコール発酵を起こすもので，舌をさすような味になる。ひどいときは果面に汗をかいたようになる。軽度のときは胎座部だけが発酵したようになるが，果肉も味が変わっていることが多い	果実内のカルシウム分不足が直接の原因。果実内へのカルシウムの移行阻害は窒素の過剰，土壌水分の過多などで起こり，草勢が旺盛すぎてカルシウムの果実内への移行が不良になる。また窒素，カリ，マグネシウムの過剰のためカルシウム吸収が不良になり，さらに日照不足，乾燥などで吸収阻害を起こす。根の酸素不足によっても起こる。またホルモン剤利用による単為結果で種子ができない場合も果実内のカルシウム不足で発酵果となりやすい。品種間差が大きい
うるみ果	果肉が水浸状（うるみ）になるのは，発酵果に似ているが，特に発酵臭はない。本質的なものは，果実の内壁から発生する。また過熟果や食べ頃を過ぎた果実は下部の果肉にもうるみ果が多くなる。このほうは食味への影響は少ない	新潟園試の研究では，うるみ果がみられない「ふかみどり」の血を引いた「市場小路」で発生が少ない。かなり遺伝的で，品種によって出やすいものと出にくいものがある。元村や伊藤によれば交配後 36 ～ 40 日の積算日射量と高い負の相関があり，この時期の光線不足が大きな原因になっている。緩効性肥料＋有機肥料の全量元肥栽培で発生が少ない。糖度上昇開始期の光線不足を補うため，葉数を確保したうえで施設内に光線がいきわたるようにする
稜角果（カボチャ玉）	果実が整形にならず稜が発生し果形がくずれる。高温期に灌水過多の栽培で発生が多い	ネット完成後さらに肥大が続いたときなどに発生が多い。ネット完成後は節水を行ない，発生を抑える。耐暑性のない品種に発生が多いので，このような品種は高温期の栽培を避ける
早熟果現象	平成６年，北海道で真夏日が約１カ月継続したが，これにより主として北海道キング系メロンに発生した現象で，株が健全であるのに果実の糖度の上昇がわるく，かつ黄化により収穫時期も著しく早くなった現象	これは一部の耐暑性がない品種・系統で発生した気象環境に順応できなかったやむをえない現象である。それでも根張りをよくして株を健全に保った栽培では受けたダメージは少なかった。今後は北海道キング系メロンは，促成・半促成栽培専用にするなどして，盛夏期の栽培には耐暑性の強い品種の導入が望まれる。また暖地では，耐暑性の強い一部品種以外盛夏期の作付けをしない

付録4　病害虫の症状・被害と対策

（1）おもな病害虫の症状と被害

紅色根腐病による萎凋症状

べと病の病斑

メロンつる割病（b）
（維管束が次々と罹病して，ついにはしおれて枯死する）

メロンつる割病（a）
（つる割病は維管束がやられて縦すじが走る）

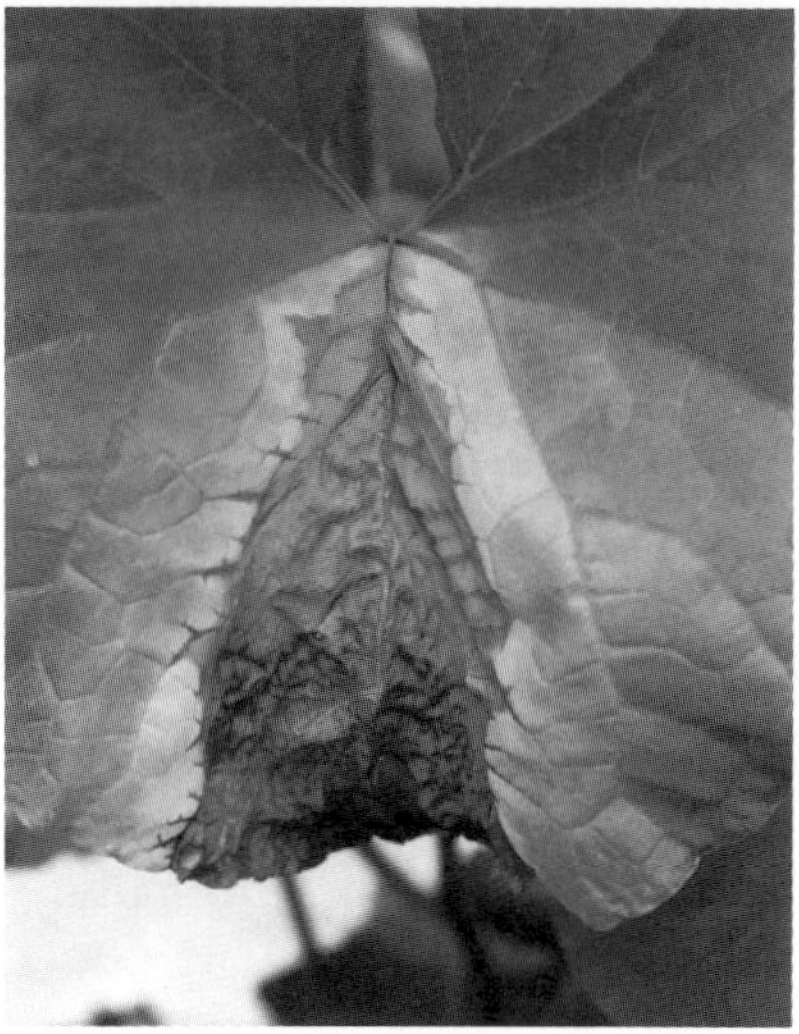

えそ斑点ウイルスの症状

メロンつる枯病（キャンカー）の末期症状

（茎葉とも被害を受ける）

うどんこ病の被害葉

CMV に罹病した株の生長点

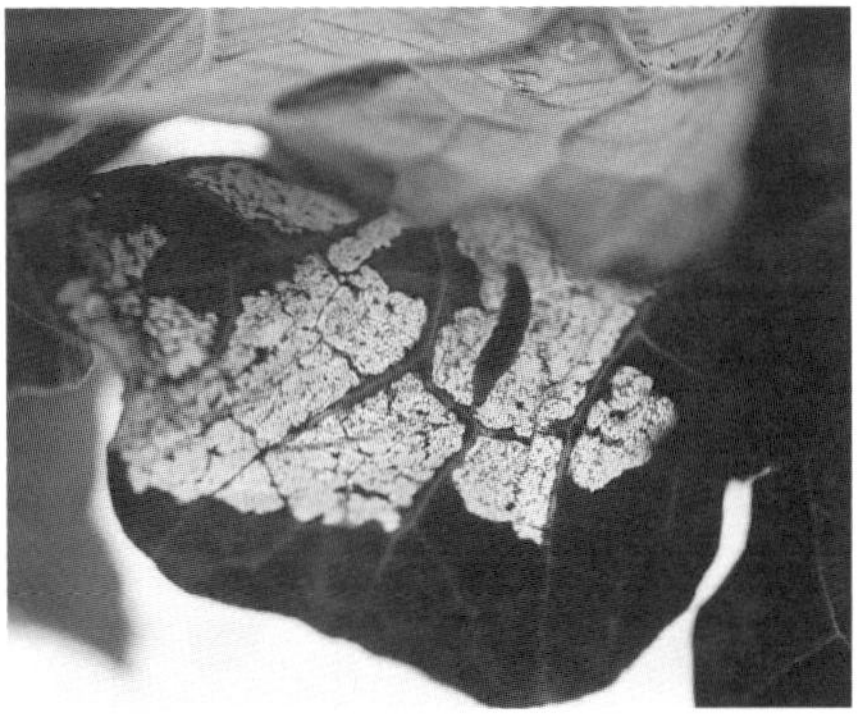

ワタヘリクロノメイガ（ウリノメイガ）老熟幼虫の被害

アブラムシによる葉の汚染

（うどんこ病，つる枯病の病斑も見える）

ハモグリバエの被害

（初期の薬剤散布で食い止めている）

(2) おもな病気の症状と対策一覧

病　名	病　　徴	対　　策
つる枯病	主に茎に発病するが，葉や葉柄にも症状を見せる。茎に発病する病徴は，褐色の油浸状でヤニを生じ，乾くと赤褐色あるいは黒褐色に変色して多数の細かいひび割れを生じる。高温・多湿時に病斑周辺部が水浸状になり，急速に広がって株全体が枯死する。葉では葉縁から発病し，黄褐色，扇型の大型病斑を生じ後に枯れる。末期に黒色の小粒点を多数生じる。被害植物とともに土中で越冬し，土壌伝染する。ウリ科全般をおかし，連作によって発生が多くなり，6月以降雨が多いなど多湿の年に発生が多い。品種によっての強弱もある	①床土消毒，育苗資材の消毒 ②多湿を防ぎ地際部の土を乾燥に保ち，枯葉や下葉をとり除く ③整枝は雨天日を避け，傷口は小さくすむようにして整枝終了後に薬散を行なう ④使用法の登録はないが，茎に発生した場合ちり紙で患部をよく拭き，ダコニール1000の原液を塗布する ⑤適期に登録の薬剤散布を行なう
べと病	葉だけに発病し，育苗期には子葉に淡黄色の不鮮明な病斑を生じる。生育期では下葉から発生し，初め黄色の不鮮明な病斑ができ，やがて葉脈に囲まれた多角形の病斑をつくり，さらにすすんで黄褐色の病斑となる。症状が重くなると葉が枯れ上がる。外観的に類似病害の斑点細菌病との区別は，湿度の高いとき病斑裏側を見ると，すす状のかびが生じているのでわかる。気温20～24℃前後で，やや低温，日照不足，多湿などの条件が重なると激しく発病する。窒素肥料の過用，また極端な不足で発病しやすくなる	①マルチ，敷きわらなどを行ない，土のはね上がりを防ぐ ②肥切れしないように管理する ③スプリンクラーによる葉上散水を避け，マルチ下のチューブ灌水を行なう ④品種によって耐病性に差があるので，弱い品種は防除に注意する ⑤適期に登録の薬剤散布を行なう
斑点細菌病（褐斑細菌病）	葉および茎に発病する。葉では周辺が黄色で，中心部が灰白～灰緑色の小斑点を生じ，やがて円形からやや角形に拡大して，褐色の水浸状病斑になる。病斑部は薄くなって穴があきやすくなる。これら病斑は融合して大型病斑となる。また葉の縁から褐変して全面に広がる場合もある。茎では灰白色のやや紡錘形の病斑を形成し，健全部との境界が褐色となり，中心部に裂け目を生じる。15～25℃の気温で降雨が続く多湿条件下で激発する。種子伝染と土壌伝染する。多湿下で特に発病が多い	①連作を避ける ②低湿地では排水を良好にし，高うね栽培を行なう ③土面にマルチや敷きわらを行なう ④被害茎葉は集めて焼却する ⑤銅製剤の散布
うどんこ病	子のう菌類に属する糸状菌（かび）で，周年的に発生するが，特に秋季に強く発生する。どちらかといえば乾燥時に発生が多く，葉は白粉に覆われたようになる。当然同化力も低下し，果実の肥大，糖生成にも影響を与える。近年は抵抗性品種の栽培が常識になっているが，抵抗性の程度の差は品種によってまちまちで，特に秋季の完全抵抗性は少ない。春発病しない品種も秋に発病することが多い	栽培にあたっては，できるだけ耐病性の品種を栽培する必要がある。薬剤は登録のあるものを夏季高温時の散布に注意しながら施用する。近年春・秋ともうどんこ病は激増しているので，初期防除が必要

軟腐病	多湿年の夏秋栽培で発生することが多い。細菌によるもので，茎葉は腐敗し，一見つる枯病と類似した症状となる。しかし悪臭を発するので区別できる。果実では，外観はなんでもないようでも内部が腐敗していることがある	いったん発生すると防除はきわめて困難なので，施設内の環境を整備し，通風をよくして罹病を防ぐ。収穫時果実が何もないように見えても出荷後，水浸状の病徴が目立ってきて商品性を失うことがあるので注意を要する
疫病	茎の地際部に発生が多く，立枯性疫病と呼ばれる。冠水や湛水したり，灌水に水田用水や排水の水を使用したときに発生し，地際がくびれたり，多湿時には水浸状になって軟化腐敗し，茎葉は急にしおれる。夏の高温期に発生が多い	①排水のよいところで栽培する ②高うね栽培とする ③灌水の水質に注意し，良質の井戸水や水道水を使用する
つる割病	フザリウム菌による病害。土壌伝染して地際部から維管束に沿って黒変，枯れが走る。多くの品種に発病するが，最近のネット系ハウスメロン品種はレース０及び２に抵抗性を持つものが多い。北海道では比較的発病は少なかったが，温暖な年には発病が多い。最近，従来の抵抗性の株を侵す新レース 1,2Y が出現している	①抵抗性台木に接ぎ木をする（共台，カボチャ台，トウガン台，最近は共台が多い） ②激発地では土壌消毒も行なっておく ③土壌消毒後は有用菌を含んだ土壌改良剤（根剛力・デルマなど）を散布しておく ④株元にネギを混植し，フザリウム菌に抵抗の有用菌の繁殖を図る
ウイルス病	キュウリモザイクウイルス（CMV），カボチャモザイクウイルス（WMV），えそ斑点ウイルス（MNSV）の発病が多い。最近，症状の重いえそ斑点ウイルスの発病が多いので注意が必要。ウイルスはいったん罹病すると，高温期にマスキングといって症状が見えなくなることもあるが，ほとんど治療困難であるので要注意。最近排水のわるいところではえそ斑点ウイルスの発病が増加している	CMV と WMV はアブラムシによって伝染するので，定期防除と夏季寒冷紗下の育苗，施設の寒冷紗張りでアブラムシの侵入を防ぐ。MNSV は土壌伝染するので，栽培床や資材の消毒を確実に行なう。また MNSV は低湿地（水田転作など）に発病が多いので，排水に注意。えそ斑点ウイルスについては別項記載
メロン半身萎凋病（バーティシリウム菌による萎凋病）	土壌伝染性の病害で，フザリウム菌と異なり寒地で被害が多い。菌の性質はフザリウム菌と似ているが，未熟有機物に付着して土壌残留しやすい。また多犯性でナス科なども冒す。メロンを萎凋枯死に導く北海道では主要病害になっている	低温の年に被害が多く，平成５年の冷害年に発病を増大させている。発病を見た畑は今のところ土壌消毒しか方法がない。未熟堆肥の多用，圃場残さのすき込みは確実に被害を増やしている。今のところ抵抗性の品種や台木はないが，土壌消毒後，「北紅クイーン」に接ぎ木をする方法もとられている。現在，台木の選択は北海道花き野菜研究センターで研究中だが，菌が多犯性なことと，抵抗性の因子がポリジーンのため，抵抗性台木の育成はかなり困難のようである

○えそ斑点ウイルス病の対策

従来のウイルスと異なり，接触のほか，種子伝染・土壌伝染をするまことに始末のわるいウイルスである。対策としては，

①メチルブロマイドによる土壌消毒　メチルブロマイドが使用困難になってきたのでやむなくクロルピクリンを使用。この場合，消毒後の土つくりを十分考えないと，そのほかのメロンに対する土壌病害菌をかえって繁殖させるおそれがある。

②種子消毒　最近はほとんどメーカー側で乾熱殺菌を行なっているので心配は少ない。

③土は通気不良，多湿，低温を避ける　弘前で水田転作で「ビレンス」の栽培が盛んであったが，最近は水田ではほとんど見られなくなってしまった。栽培は岩木山麓で依然続いている。排水不良の土壌環境はこのえそ斑点ウイルス病を激化させる。また北海道では土壌の低温は避けて通れない難問題であるが，できるだけトンネル・マルチで保温を図る。

④摘心・摘芽は発病株にできるだけ触れない　ハサミを利用して摘心・摘芽を行なっている人もいるが，これは伝染の大きな原因になる。直接切断面に手を触れないようにして，できるだけかき取るようにする。

⑤作土のpHは高すぎないようにする　メロンの生育に支障がないていどにpHを低めにする。pH（H_2O）は5.8～6.3ていどにする。

⑥土壌消毒の際，育苗鉢・育苗用培土・支柱などの周辺資材も消毒を行なう。

⑦最近抵抗性台木の使用が有効であることがわかった（PMR No.5）（パーリータ）

⑧北海道立花・野菜技術センターでは抵抗性台木「空知台３号」を育成。

○黒点根腐病の問題

根部感染型の全身病で交配２～３週間後から発生が始まり，４～５週間ころに甚だしくなる。罹病株は日中しおれ，夜間の回復を繰り返しながら，次第に病勢は進行，葉は黄化して枯死にいたる。根は全体に水浸状に褐変し，細根は消失する。褐変部に小黒点を生じるが，これは子のう殻で他根部病害との区別点となる。

東北から九州までハウスメロンで広く発生。病原菌は糸状菌の一種で子のう菌に属する。適温は28℃で高温期に発生しやすい（以上，古木市重郎氏による）。土壌伝染で広まりやすく，特にアールス系メロン「アールスナイト」に被害がひどいようである。土壌消毒もあるていど深層まで消毒しないと菌を駆逐することができない。またクロルピクリンは有効だが，人家のそばでは使いにくい。そのような場所では被覆を十分にして，少々高価だが錠剤を使うしか方法がない。バスアミドも水を十分使用するとか，使用法が適切であれば効果はあるが，使いにくいことは確かである。

○紅色根腐病の問題

ハウスメロン栽培で着果後の生育後期に発病し，地際および根が褐変または赤変する。茎の地際部のずいがコルク化したり，空洞化する。地下部は主根部や細根の一部が褐色あるいはピンク色を呈し，病勢の進んだ主根部は表面にひび割れを生じる。糸状菌の一種で，不完全菌類に属する。分生子殻は亜球形である。土壌中の罹病植物残渣内で生存し，第一次感染源となる。メロンのほかネギ属，ウリ科のキュウリ・カボチャなども伝染する（以上，佐藤豊三氏による）。黒点根腐病と比較して，菌の存在が土中の浅いところなので，夏季の太陽熱消毒で効果が大きい。

(3) おもな害虫の被害と対策一覧

虫　名	被害状況	対策（登録農薬参照）
ネコブセンチュウ	弱い被害では，葉が退色し，草勢が低下するていどだが，根がコブでいっぱいになり，ときには養分を吸収できなくなり枯死することがある	ウリ類の連作で発生が多い。休閑期に防除剤は事前のくん蒸剤と，作付け前施用の薬剤がある
アブラムシ類	葉の裏に一面に寄生して，養分を吸収して葉の能力を低下させるだけでなく，ウイルス（CMV，WMVなど）の媒介を行なう。特に秋季は寒冷紗で施設を覆わないと有翅アブラムシの侵入がある	①アドマイヤー１粒剤などの植え穴処理，登録農薬の殺虫剤を参照して防除を行こなう ②施設を寒冷紗で被覆して有翅アブラムシの侵入を防ぐ
ハダニ類	ナミハダニが主となる。初夏～夏，草勢がやや弱ったときなど，葉の裏にビッシリ寄生する。ときにクモの巣状の糸をはることがある	多くの殺ダニ剤は習慣性がつき，年１～２回しか使用できないので，系統の違う薬剤を交互散布する
タネバエ	未熟の有機物を多用すると，その臭気のために成虫が飛来して産卵，幼虫が幼根を食害する	①未熟有機物の施用は避ける ②臭気のある肥料は使用しない ③事前に登録の粉剤や粒剤を施用しておく
ワタヘリクロノメイガ（ウリノメイガ）	秋季に発生が多い。幼虫は小型で緑色。葉だけでなく果実も表皮をなめて食害する。老熟幼虫はクモの巣状の網を張るので防除困難になる。さなぎは茶褐色で葉をつと状に巻いて生息する	登録農薬のうちオリオン水和剤が効果が落ちている。新登録のアファーム乳剤，デルフィン顆粒水和剤の効果は確実

(4) 販売農薬一覧（2007年改定の20社の農薬要覧等の資料から）

1）殺菌剤

①べと病

薬 品 名	倍 率	使用時期	回 数	使用法	備 考	会 社 名
アリエッティ水和剤	800	前日	3回	散布	◎	曹バ
アミスター20フロアブル	2000	前日	4回	散布	◎	シ
アミスターオプティフロアブル	1000	3日	4回	散布		シ
園芸ボルドー	400~800	——	——	散布	うり科	サ
オーソサイド水和剤 80	600	14日	5回	散布	◎	北ア
カーゼートＰＺ水和剤	1000~1500	7日	3回	散布		三ク
キノンドー水和剤40	600~1000	10日	5回	散布		兼
ジマンダイセン水和剤	400~ 600	7日	5回	散布		ダ
ジマンダイセンフロアブル	500~ 800	7日	5回	散布		農ダ
ストロビー フロアブル	2000	前日	3回	散布	◎	産曹BASFク
Ｚボルドー (水和剤)	500	——	——	散布	◎	農
ダコニール1000	700~1000	3日	5回	散布	◎	武ク
テーク水和剤	600~ 850	7日	5回	散布		三
ドイツボルドーA	500~1000	——	——	散布	◎ 野菜類	北
ドージャスフロアブル	1000	3日	4回	散布	◎	石
フェスティバルC水和剤	1000	前日	3回	散布	◎	北
ブリザート水和剤	2000	3日	3回	散布		農
フオリオブラボ顆粒水和剤	1000	3日	3回	散布	◎	シ
ビスダイセン水和剤	400~ 800	3日	5回	散布	◎	ダ協北

薬品名	倍率	使用時期	回数	使用法	備考	会社名
ペンコゼブ水和剤	400～600	7日	5回	散布		三ク
ペンコゼブフロアブル	600	7日	5回	散布		三ク
ホライズンドライフロアブル	2500	前日	3回	散布	◎	産
ボルドー（水和剤）	500～1000	——	——	散布	野菜類	住
ランマンフロアブル	1000～2000	前日	4回	散布	◎	石
リドミル銅水和剤	800	7日	3回	散布		農
リドミルMZ水和剤	1000	7日	3回	散布		ダシ
ヨネポン水和剤	500	前日	4回	散布		米
ヨネポン（乳剤）	500～800	前日	4回	散布		塚米

②苗立枯病

薬品名	倍率	使用時期	回数	使用法	備考	会社名
オーソサイド水和剤 80	①種子重量の0.2～0.4% ②800倍　2ml/1m²	①播種時 ②播種後2～3葉期	①1回 ②5回	①粉衣 ②ジョウロまたは噴霧器で全園散布		北ア
バスアミド微粒剤 （ガスタード微粒剤）	200～400g/m²	播種または 定植21日前	苗床1回 本畑1回	土壌混和 7～14日被覆	◎リゾクトニア菌	曹兼 ク北
クロールピクリン	①床土·堆肥 3～5 ml ②圃場　3～6 ml	定植10日以上前	床土1回 本畑1回	土壌くん蒸		農三
ホーマイ水和剤	種子重量の0.5～1.0%	播種前	1回	処理機による種子粉衣(うり類)	フザリウム菌、リゾクトニア菌	曹
モンカット水和剤	種子重量の0.5～1.0%	播種前	1回	処理機による種子粉衣(うり類)	リゾクトニア菌	産農

③菌核病

薬品名	倍率	使用時期	回数	使用法	備考	会社名
スミレックス水和剤	2000	前日	3回	散布	◎	農住北
ロブラール水和剤	1000	前日	4回	散布	◎	産バ協
ロブラールくん煙剤	50g/150～200m^3	前日	4回	くん煙		曹バ協
カンタスドライフロアブル	1000～1500	前日	3回	散布	◎	曹BASF

④疫病

薬品名	倍率	使用時期	回数	使用法	備考	会社名
ジマンダイセン水和剤	400～600	7日	5回	散布	◎	ダ
クロールピクリン	①床土·堆肥 3～5 ml ②圃場　2～3 ml	定植10日以上前	床土1回 本畑1回	土壌くん蒸	うり科野菜	農三

⑤つる枯病（キャンカー）

薬品名	倍率	使用時期	回数	使用法	備考	会社名
アミスター20フロアブル	2000	前日	4回	散布	◎	シ
アミスターオプティフロアブル	1000	3日	4回	散布	◎	シ
オキシラン水和剤	500	14日	5回	散布		農
ジマンダイセン水和剤	400～600	7日	5回	散布		ダ
ストロビーフロアブル	2000	前日	3回	散布	◎	産曹BASF
スコア顆粒水和剤	2000	前日	3回	散布		シ
スコア水和剤10	2000	前日	3回	散布		シ

薬品名	倍率	使用時期	回数	使用法	備考	会社名
ダコニール1000	1000	3日	5回	散布	◎	武ク
ダコニールエース	1500	3日	5回	散布	北海道限定	武ク
テーク水和剤	600～800	3日	4回	散布		三
ドージャススフロアブル	1000	3日	4回	散布	◎	石
ドキリンフロアブル	500～600	10日	5回	散布	◎	農
トップジンM水和剤	1500～2000	前日	――	散布	◎	農曹ク北協
トップジンM ペースト	発病初期	――	――	原液塗布		曹
ビスダイセン水和剤	400～600	3日	5回	散布	◎	ダ北協
フオリオブラボ顆粒水和剤	1000	3日	3回	散布	◎	シ
プラタンフロアブル	1000	3日	4回	散布		産
ベルクート水和剤	1000	前日	5回	散布	◎	三ク協曹
ペンコゼブ水和剤	400～600	7日	5回	散布		三ク
ペンコゼブフロアブル	500	7日	5回	散布		三ク
ポリベリン水和剤	1500	前日	5回	散布	◎	ク
ポリオキシンAL水溶剤	1000～2000	前日	5回	散布		農住
	10～50	7日	1回	患部塗布		
マネージM水和剤	600	7日	4回	散布		北明
ロブラール水和剤	1000	前日	4回	散布	◎	産バ協
ロブラールくん煙剤	50g/150～200m^3	前日	4回	くん煙		バ曹

⑥炭そ病

薬品名	倍率	使用時期	回数	使用法	備考	会社名
オーソサイド水和剤 80	400～800	14日	5回	散布	◎	北ア
園芸ボルドー	400～800	——	——	散布	うり科	サ
キノンドー水和剤40	800～1000	10日	5回	散布	◎	兼
ジマンダイセン水和剤	400～600	7日	5回	散布		ダ
ビスダイセン水和剤	400～800	3日	5回	散布	◎	ダ北協

⑦陥没病

薬品名	倍率	使用時期	回数	使用法	備考	会社名
トリフミン水和剤	3000	前日	5回	散布		曹協石

⑧つる割病

薬品名	倍率	使用時期	回数	使用法	備考	会社名
バスアミド微粒剤 (ガスタード微粒剤)	20～30kg	定植21日前	本畑1回	土壌混和	◎	曹兼 ク北
クロールピクリン	①床土·堆肥 3～5 ml ②圃場　2～3 ml	定植10日以上前	床土1回 本畑1回	土壌くん蒸	うり科	農三
ドロクロール、 ドジョウピクリン	①床土·堆肥 3～6 ml ②圃場　2～3 ml	定植10日以上前	床土1回 本畑1回	土壌くん蒸	うり科	農三
ホーマイ水和剤	種子重量の0.5～1.0%	播種前	1回	種子処理機による種子粉衣	うり科	曹
トラペックサイド油剤	30～40l/10a (一穴当たり3～4ml)	植え付けの30日前	1回	土壌くん蒸		バ

薬品名	倍率	使用時期	回数	使用法	備考	会社名
ディトラペックス油剤	30～40l/10a (一穴当たり2～3ml)	植え付けの30日前	1回	土壌くん蒸		バ

⑨半身萎凋病

薬品名	倍率	使用時期	回数	使用法	備考	会社名
バスアミド微粒剤 (ガスタード微粒剤)	20～30kg	定植21日前	本畑1回	土壌混和		曹兼 ク北

⑩斑点細菌病

薬品名	倍率	使用時期	回数	使用法	備考	会社名
オキシラン水和剤	400～600	14日	5回	散布		農
カッパーシン水和剤 (カスミンボルドー)	1000	3日	5回	散布	◎	明 北
キノンドー水和剤40	600～800	10日	5回	散布	◎	兼
キノンドー フロアブル	1000	10日	5回	散布		兼
コサイドボルドー(水和剤)	1000	——	——	散布	野菜類	三ク北デ
ジマンダイセン水和剤	400～600	7日	5回	散布		ダ
Ｚボルドー	500	——	——	散布	野菜類	農
ドイツボルドーA	500～1000	——	——	散布	◎ 野菜類	北
ビスダイセン水和剤	400～600	3日	5回	散布	◎	ダ協北
ボルドー（水和剤）	500～1000	——	——	散布		住

⑪黒点根腐病

薬品名	倍率	使用時期	回数	使用法	備考	会社名
クロールピクリン	①床土・堆肥 3～5 ml ②圃場　2～3 ml	定植10日以上前	床土1回 本畑1回	土壌くん蒸	◎	農三
ドロクロール、 ドジョウピクリン	①床土・堆肥 3～6 ml ②圃場　2～3 ml	定植10日以上前	床土1回 本畑1回	土壌くん蒸		農三
バスアミド微粒剤 (ガスタード微粒剤)	20～30kg	播種または定植21日前	苗床1回 本畑1回	土壌混和	◎	曹兼 ク北
ソイリーン	30ml/10a,3ml/穴	作付10～15日前	1回	土壌くん蒸		三井
ダブルストッパー	30ml/10a,3ml/穴	作付10～15日前	1回	土壌くん蒸		ダ協
リゾレックス水和剤	500	21日	2回	3l/m^2 株元灌注	◎	住北

⑫黒変根腐症

薬品名	倍率	使用時期	回数	使用法	備考	会社名
バスアミド微粒剤 (ガスタード微粒剤)	20～30kg	定植21日前	本畑1回	土壌混和		曹兼 ク北

⑬うどんこ病

薬品名	倍率	使用時期	回数	使用法	備考	会社名
アミスター20フロアブル	2000	前日	4回	散布		シ
アミスターオプティフロアブル	1000	3日	4回	散布		シ
イオウフロアブル	500～1000	——	3回	散布	野菜類	産農塚
硫黄粒剤	6～16g/2000m^2 (高さ2m、床面積1000m^2)	——	——	専用の電気加熱式くん煙機でくん煙	◎	光細

薬品名	倍率	使用時期	回数	使用法	備考	会社名
硫黄粉剤50	3kg	——	——	散布	野菜類	サ
ＦＧクムラス	500～1000	——	——	散布	野菜類	サ
園芸ボルドー	400～800	——	——	散布	うり類	サ
カッパーシン（カスミンボルドー）	1000	3日	5回	散布		明北
カリグリーン	800	前日	8回	散布		塚石
サンマイト フロアブル	1000～1500	3日	2回	散布		産
サプロール乳剤	2000	前日	6回	散布		武BASFク
サンヨール（乳剤）	500	前日	4回	散布	◎	米塚
サルファグレン	0.10g/ml	前日	——	くん煙		光
サンクリスタル乳剤	300～600	前日	——	散布	野菜類	サ
ジーファイン水和剤	750～1000	前日	6回	散布	野菜類	サ協
ストロビー フロアブル	2000	前日	3回	散布		産曹BASFク
ダコニール1000	700	3日	5回	散布	◎	武ク
テーク水和剤	600～800	7日	5回	散布		三
トリフミン水和剤	3000～5000	前日	5回	散布	◎	曹協石
トリフミンジェット	50g/400m^3	前日	5回	くん煙	◎	曹
ドージャスフロアブル	1000	3日	4回	散布	◎	石
バイレトン水和剤5	2000～3000	前日	4回	散布	◎	バ北
バイコラール水和剤	2500～5000	前日	4回	散布		バ北
パンチョTF顆粒水和剤	2000	前日	2回	散布	◎	曹

薬品名	倍率	使用時期	回数	使用法	備考	会社名
パンチョTFジェット	くん煙室容積 400m³ あたり50g	前日	2回	くん煙		曹
ハーモメイト水溶剤	800～1000	前日	8回	散布	野菜類	明曹
フォリオブ ラボ 顆粒水和剤	1000	3日	3回	散布		シ
フルピカフロアブル	2000～3000	前日	4回	散布	◎	曹ク
ベルクート水和剤	1000	前日	4回	散布	◎	三ク協曹
ボトキラー水和剤	1000 300g/10a　6～10l/10a 10～15g/日	発病前～発病初期	——	散布 常温煙霧 ダクト内投入	野菜類	農ア
ポリオキシンAL水和剤	1000	前日	5回	散布		農北ク
ポリオキシンAL水溶剤	1000～2000	前日	5回	散布		農住ク
ポリベリン水和剤	1500～2000	前日	5回	散布	◎	ク
マネージ水和剤	1000	前日	4回	散布		明北
モレスタン水和剤	2000～4000 100g/10a 5l/10a	3日 3日	10回 10回	散布 常温煙霧	◎	兼協
ヨネポン水和剤	500	前日	4回	散布		米
ラリー水和剤	4000～8000	前日	3回	散布		ダ
ルビゲン水和剤	10000	前日	4回	散布	◎	産

⑭褐斑細菌病

薬品名	倍率	使用時期	回数	使用法	備考	会社名
コサイドＤＦ	1000	——	——	散布	野菜類	三クデ

薬品名	倍率	使用時期	回数	使用法	備考	会社名
コサイドボルドー	1000	――	――	散布	野菜類	三クデ
Ｚボルドー	500	――	――	散布	野菜類	農

⑮軟腐病

薬品名	倍率	使用時期	回数	使用法	備考	会社名
コサイドＤＦ	1000	――	――	散布	野菜類	三クデ
コサイドボルドー	1000	――	――	散布	野菜類	三クデ
ジーファイン水和剤	1000	前日	6回	散布	野菜類	サ協
Ｚボルドー	500	――	――	散布	野菜類	農
ドイツボルドーＡ	500～1000	――	――	散布	野菜類	北
バイオキーパー水和剤	500～2000	発病前～発病初期	――	散布	野菜類	ア

⑯灰色かび病

薬品名	倍率	使用時期	回数	使用法	備考	会社名
ハーモメイト水溶剤	800	前日	8回	散布	野菜類	曹明
ボトキラー水和剤	1000 300g/10a、6～10l/10a	発病前～発病初期 発病前～発病初期	―― ――	散布 常温煙霧	野菜類	農ア

⑰えそ斑点病

薬品名	倍率	使用時期	回数	使用法	備考	会社名
ソイリーン	30l/10a,3ml/穴	作付10～15日前	1回	土壌くん蒸		三井
ダブルストッパー	30l/10a,3ml/穴	作付10～15日前	1回	土壌くん蒸		ダ協

2）殺虫剤

①ミナミキイロアザミウマ

薬品名	倍率	使用時期	回数	使用法	備考	会社名
アルバリン粒剤 （スタークル粒剤）	2g／株	定植時	1回	植孔土壌混和		兼 北
アドバンテージ粒剤	株当たり 0.5g 株当たり 1～2g	育苗後期 定植時	1回	株元散布 植穴処理		産
アーデント水和剤	750	前日	5回	散布	◎	農バ
アクタラ顆粒水和剤	2000	前日	3回	散布		シ
アグロスリン乳剤	1000	前日	5回	散布		農住ク
アダプロン乳剤	2000～4000	14日	3回	散布		三石
アドマイヤー1粒剤	1～2g／株	定植時	4回	植穴または株元土壌混和	◎	バク協
アドマイヤー水和剤	2000	3日	4回	散布	◎	バク
アドマイヤー顆粒水和剤	5000～10000	3日	3回			バク
アファーム乳剤	1000～2000	前日	2回	散布	◎	シ
オンコル粒剤5	株当たり0.5～1g	育苗期後半ﾏﾀﾊ定植時	1回	株元散布	◎	塚
ガゼット粒剤	1～2g／株	定植時	1回	株元散布・植穴土壌混和	◎	産石
	1g／株	育苗期後半	1回	株元散布		
カスケード乳剤	2000～4000	7日	3回	散布		BASF
スプラサイド水和剤	1000	3日	2回	散布		シ
スピノエース顆粒水和剤	アザミウマ類へ統合					産ダク
ダントツ水溶剤	2000～4000	前日	3回	散布		武協・北（北海道）

薬 品 名	倍 率	使用時期	回 数	使用法	備 考	会 社 名
ダントツ粒剤	2g／株	定植時	1回	植穴処理・土壌混和		武
デミリン水和剤	1500～3000	7日	3回	和布		兼
バリアード顆粒水和剤	4000	前日	3回	散布	◎	バク
バッサ乳剤	1500～2000	前日	4回	散布		住協
バイデートL粒剤	地床1～2.5g 揚床1g	育苗期 定植時	1回	株元処理		三協
ビリーブ水和剤	1000	7日	1回	散布		兼
ベストガード水溶剤	1000～2000	7日	3回	散布		武
ベストガード粒剤	2g／株	定植時	1回	植穴処理・土壌混和	◎	武協
マラバッサ乳剤	1500～2000	前日	3回	散布		協

②スリップス（アザミウマ）類

薬 品 名	倍 率	使用時期	回 数	使用法	備 考	会 社 名
ＥＰＮ乳剤	1000～2000	30日	4回	散布	露地限定	産北サ
ＥＰＮ粉剤1.5	3kg	30日	4回	散布	露地限定	産
エルサン乳剤 （パプチオン乳剤）	1000	3日	4回	散布		産農北 サ
スミチオン乳剤	1000	前日	5回	散布		産農住三協ク北
スピノエース顆粒水和剤	5000	前日	2回	散布		産ダク
ボタニガードＥＳ	500	発生初期	——	散布		ア

③アブラムシ類

薬　品　名	倍　率	使用時期	回　数	使用法	備　考	会　社　名
アーデント水和剤	1000	前日	5回	散布	◎	農バ
アグロスリン水和剤	1000〜2000	前日	5回	散布		農住ク
アグロスリン乳剤	2000	前日	5回	散布		農住ク
アクタラ顆粒水和剤	3000	前日	3回	散布		シ
アクタラ粒剤5	1ｇ／株	定植時	1回	植穴処理		シ
アディオン乳剤	2000〜3000	前日	5回	散布		住三サ北協
アドマイヤー①粒剤	1〜2ｇ／株	定植時	4回 （定植後3回）	植穴または株元土壌処理	◎	バク協
アドマイヤー水和剤	2000	3日	4回 （定植後3回）	散布	◎	バク
アドマイヤー顆粒水和剤	10000	3日	3回	散布		バ
アルバリン顆粒水和剤 （スタークル顆粒水和剤）	3000	3日	2回	散布		兼 北
アルバリン粒剤 （スタークル粒剤）	1ｇ／株	定植時	1回	散布		兼 北
ＥＰＮ乳剤	1000〜2000	30日	4回	散布	露地限定	産北
ＥＰＮ粉剤	3kg	30日	4回	散布	露地限定	産
ウララＤＦ	2000〜4000	前日	2回	散布		石
エルサン乳剤 （パプチオン乳剤）	1000〜2000	3日	4回	散布		産農北ク サ
オリオン水和剤40	1000	前日	5回	散布	◎	塚協

薬品名	倍率	使用時期	回数	使用法	備考	会社名
オレート液剤	100	発生初期～前日	――	散布	野菜類	塚
オンダイヤエース粒剤	3kg	定植時	1回	作条土壌混和		塚
ガゼット粒剤	株当り1g 株当り1～2g	育苗期後半 定植時	1回	株元処理 株元散布または植穴処理	◎	産石
サンクリスタル乳剤	300	前日		散布	野菜類	サ
サンマイトフロアブル	1000～1500	3日	2回	散布		産
サイハロン乳剤	3000～4000	前日	1回	散布		農シ
サンスモークVP	11g/100 m^3	7日	3回	くん煙		光
スミチオン乳剤	1000～2000	前日	5回	散布		産武農住三ク協
スミロディー乳剤	1000～2000	前日	4回	散布		住
スカウトフロアブル	2000	前日	5回	散布		三曹
スカウト乳剤	2000	前日	5回	散布	◎	三曹
ダイアジノン水和剤 34	2000	14日	4回	散布		農住三北協
ダイアジノン乳剤40	1000	14日	4回	散布		農住三サ北
チェス水和剤	2000～3000	3日	4回	散布	◎	シ
テルスター水和剤	1000	前日	4回	散布		産石
ディプテレックス乳剤	500～1000	7日	6回	散布		農三サ北（協）
DDVP乳剤50	1000～2000	3日	4回	散布	◎	武農三サ曹北ク協
トレボン乳剤	1000	3日	4回	散布		産三サク
トレボンEW	1000	3日	4回	散布		バ北
ニッソランV乳剤	1000～1500	3日	2回	散布		曹北ク

薬　品　名	倍　率	使用時期	回　数	使用法	備　考	会　社　名
ニッソランVジェット	50g/500m³	前日	2回	くん煙		曹
粘着くん液剤	100	前日	6回	散布	野菜類	住
バータレック	1000	発生初期	——	散布	野菜類	ア
バリアード顆粒水和剤	4000	前日	1回	散布	◎	バ
ビリーブ水和剤	1000	7日	1回	散布		兼
ベストガード水溶剤	1000～2000	7日	3回	散布	◎	武供
ベストガード粒剤	1～2g／株	定植時	1回	植穴処理・土壌混和	◎	武
マラソン乳剤(50)	2000～3000	前日	3回	散布		産農三住北協
マラソン粉剤3	3kg	前日	3回	散布		住北
マリックス粒剤3	6kg	マルチ前・定植前	1回	畦面全面散布		兼
マブリック水和剤20	4000	3日	2回	散布		ク協
モスピラン水溶剤	8000	3日	3回	散布	◎	農曹
モスピランジェット	50g/400m³	前日	3回	くん煙		曹
ランベック乳剤	1000	7日	2回	散布		北
ルビトックス乳剤	1000～1500	7日	2回	散布		塚北兼
ロディー乳剤	1000～2000	前日	4回	散布		住北

④ネキリムシ類

薬　品　名	倍　率	使用時期	回　数	使用法	備　考	要　覧　登　載
ダイアジノン粒剤3	6～9kg	播種時または植付時	4回	土壌混和		産農三
ダイアジノン粒剤5	4～6kg	播種時または植付時 14日	4回	全面土壌混和 作条土壌混和		産農住トサ三北ク協

薬品名	倍率	使用時期	回数	使用法	備考	要覧登載
クロールピクリン	①床土・堆肥 3〜5 ml ②圃場　2〜3 ml	定植10日以上前	床土1回 本畑1回	土壌くん蒸	うり科	農三
ドジョウピクリン、 ドロクロール	①床土・堆肥 3〜6 ml ②圃場　2〜3 ml	定植10日以上前	床土1回 本畑1回	土壌くん蒸	うり科	農三

⑤ハリガネムシ

薬品名	倍率	使用時期	回数	使用法	備考	要覧登載
クロールピクリン	①床土・堆肥 3〜5 ml ②圃場　2〜3 ml	定植10日以上前	床土1回 本畑1回	土壌くん蒸	うり科	農三
ドジョウピクリン、 ドロクロール	①床土・堆肥 3〜6 ml ②圃場　2〜3 ml	定植10日以上前	床土1回 本畑1回	土壌くん蒸	うり科	農三

⑥タバココナジラミ

薬品名	倍率	使用時期	回数	使用法	備考	会社名
アダプロン乳剤	2000	14日	3回	散布		三石
アドマイヤー水和剤	2000	3日	4回	散布		バク
カスケード乳剤	2000	7日	3回	散布	シルバーリーフ コナジラミ含む	BASF
テルスター水和剤	1000	前日	4回	散布		産石

⑦コナジラミ類

薬品名	倍率	使用時期	回数	使用法	備考	会社名
アルバリン粒剤 （スタークル粒剤）	1g／株	定植時	1回	散布		兼 北
アドマイヤー顆粒水和剤	2000	3日	4回	散布		バク
サンマイトフロアブル	1000～1500	3日	2回	散布		産
ダントツ水溶剤	2000～4000	前日	3回	散布	◎	武協・北（北海道）
ダントツ粒剤	1g／株	定植時	1回	散布		武
トレボン乳剤	1000	3日	4回	散布		農三サク
バリアード顆粒水和剤	4000	前日	3回	散布		バク
ベストガード水溶剤	1000～2000	前日	3回	散布		武協
ベストガード粒剤	2g／株	定植時	1回	植穴処理・土壌混和		武協

⑧キボシマルトビムシ

薬品名	倍率	使用時期	回数	使用法	備考	会社名
ダイアジノン水和剤 34	600	14日	4回	散布		農住三北協
ダイアジノン乳剤40	700	14日	4回	散布		農住三サ北

⑨ハダニ類

薬品名	倍率	使用時期	回数	使用法	備考	会社名
アーデント水和剤	1000	前日	5回	散布	◎	農バ
アカリタッチ乳剤	1000～2000	前日	6回	散布	野菜類	塚石

薬　品　名	倍　率	使用時期	回　数	使用法	備　考	会　社　名
硫黄粉剤50	1ｋｇ	——	——	散布	野菜類	サ
ＥＰＮ乳剤	1000～2000	30日	4回	散布	露地限定	産サ北
ＥＰＮ粉剤	3kg	30日	4回	散布	露地限定	産
ＦＧクムラス	400	——	——	散布	野菜類	サ
オサダン水和剤25	1000～1500	7日	2回	散布		BASF住
オサダンフロアブル	2000	7日	2回	散布	◎	BASF住
カネマイトフロアブル	1000～1500	前日	1回	散布	◎	兼
コロマイト乳剤	1000	前日	2回	散布	◎	三
コロマイト水和剤	2000	前日	2回	散布		三
サンマイトフロアブル	1000～1500	3日	2回	散布	◎	産
スミロディー乳剤	1000～2000	前日	4回	散布	◎	住
ダイアジノン水和剤 34	600～1000	14日	4回	散布		農住三北協
ダイアジノン乳剤40	1000～2000	14日	4回	散布		農住三サ北
ダニトロンフロアブル	1000～2000	前日	1回	散布	◎	農
テルスター水和剤	1000	前日	4回	散布	◎	産石
テルスターくん煙剤	60g/200m³	前日	4回	くん煙	◎	産石
テデオン水和剤	500～1000	7日	2回	散布		兼
テデオン乳剤	500～1000	7日	2回	散布		兼
ニッソランＶ乳剤	1000～1500	3日	2回	散布	◎	曹北ク
ニッソランＶジェット	50g/500m³	前日	2回	くん煙	◎	曹
粘着くん液剤	100	前日	6回	散布	野菜類	住
バロックフロアブル	2000	前日	2回	散布	◎	協

薬品名	倍率	使用時期	回数	使用法	備考	会社名
ピラニカEW	2000～3000	3日	1回	散布	◎	曹ク協
マラソン乳剤50	2000～3000	前日	3回	散布		産農住三北協
マラソン粉剤3	3kg	前日	3回	散布		住北
マブリックジェット	50g/400m³	3日	2回	くん煙	◎	曹
マブリック水和剤20	2000	3日	2回	散布	◎	ク協
マイトコーネフロアブル	1000	前日	1回	散布	◎	産
ルビトックス乳剤	1000～1500	7日	2回	散布		塚北兼
ロディー乳剤	1000～2000	前日	4回	散布	◎	住北
ロディーVPくん煙顆粒	20g/100m³	前日	4回	くん煙		住
ロディーくん煙顆粒	20g/100m³	前日	4回	くん煙	◎	住

⑩タネバエ

薬品名	倍率	使用時期	回数	使用法	備考	会社名
ダイアジノン粒剤3	5～8kg	播種時または植付時	4回	土壌混和		産農三

⑪ケラ

薬品名	倍率	使用時期	回数	使用法	備考	会社名
ダイアジノン粒剤3	6～9kg	播種時または植付時	4回	土壌混和		産農三
ダイアジノン粒剤5	4～6kg	播種時または 植付時14日	4回	全面土壌混和 作条土壌混和		産農住サ三北ク協
クロールピクリン	①床土·堆肥 3～5 ml ②圃場　2～3 ml	定植10日以上前	床土1回 本畑1回	土壌くん蒸	うり科	農（三なし）

⑫ウリハムシ（成虫・幼虫）

薬品名	倍率	使用時期	回数	使用法	備考	会社名
ダイアジノン粉剤3	6～9kg	植付時	4回	土壌混和	幼虫	産農三
マラソン乳剤50	1000	前日	3回	散布	成虫	産農住三北協
マラソン粉剤3	3kg	前日	3回	散布	成虫	住北
ディプテレックス粉剤	3～4kg	前日	4回	散布	成虫	三北
ディプテレックス乳剤	800～1000	7日	6回	散布	成虫	農三サ北

⑬コガネムシ類幼虫

薬品名	倍率	使用時期	回数	使用法	備考	会社名
ダイアジノン粒剤3	5～10kg	植付時	4回	土壌混和		産農三
ダイアジノン粒剤5	4～6kg	播種時または 植付時14日	4回	全面土壌混和 作条土壌混和		産農住サ三北ク協
DD92、テロン92、DC油剤	15～20ml/10a (1.5ml/10a)	作付の10～15日前	1回	全面処理 作条処理		兼ダ協

⑭ウリノメイガ（ワタヘリクロノメイガ）

薬品名	倍率	使用時期	回数	使用法	備考	会社名
アダプロン乳剤	2000	14日	3回	散布		三石
アファーム乳剤	1000～2000	前日	2回	散布	◎	シ
オリオン水和剤40	1000	前日	5回	散布		塚協
スピノエース顆粒水和剤	5000	前日	2回	散布	◎	産ダク
ゼンターリ顆粒水和剤	1000	発生初期タダシ前日	4回	散布	◎うり科	武ア北

薬　品　名	倍　率	使用時期	回　数	使用法	備　考	会　社　名
チューンアップ顆粒水和剤	3000	発生初期タダシ前日	4回	散布	野菜類	兼
デルフィン顆粒水和剤	1000	発生初期タダシ前日	4回	散布	野菜類	兼
バリアード顆粒水和剤	2000	前日	3回	散布		バ
マトリックフロアブル	2000	前日	3回	散布		三

⑮カメムシ類

薬　品　名	倍　率	使用時期	回　数	使用法	備　考	会　社　名
マラソン粉剤3	3kg	前日	3回	散布	住北	

⑯オオタバコガ

薬　品　名	倍　率	使用時期	回　数	使用法	備　考	会　社　名
エスマルクＤＦ	1000	発生初期タダシ前日	4日	散布	野菜類	住
クオークフロアブル	400	発生初期タダシ前日	4回	散布	野菜類	ア
コナガコンープラス	100～120本(22g=100本)	栽培全期間	——	スペンサー固定	交尾阻害	協
ゼンターリ顆粒水和剤	1000	発生初期タダシ前日	4日	散布	野菜類	武北ア
チューンアップ顆粒水和剤	1000	発生初期タダシ前日	4回	散布	野菜類	兼
デルフィン顆粒水和剤	1000	発生初期タダシ前日	4回	散布	野菜類	兼
トアローフロアブル ＣＴ	500～1000	発生初期タダシ前日	4回	散布	野菜類	塚石
フローバックＤＦ	1000	発生初期タダシ前日	4回	散布	野菜類	住協

⑰ワタアブラムシ

薬 品 名	倍 率	使用時期	回 数	使用法	備 考	会 社 名
サンヨール（乳剤）	500	前日	4回	散布		塚米
ロディーＶＰくん煙顆粒	15g/100 m^3	前日	4回	散布		住

注：ダント水溶剤・ダントツ粒剤の登録はアブラムシ類に統合

⑱ハモグリバエ類

薬 品 名	倍 率	使用時期	回 数	使用法	備 考	会 社 名
アクタラ粒剤5	2ｇ／株	定植時	1回	植穴処理		シ
アファーム乳剤	2000	前日	2回	散布	◎	シ
アルバリン粒剤 （スタークル粒剤）	1ｇ／株	定植時	1回	植穴土壌混和		兼 北

⑲トマトハモグリバエ

薬 品 名	倍 率	使用時期	回 数	使用法	備 考	会 社 名
アクタラ顆粒水和剤	2000	前日	3回	散布		シ
アグロスリン乳剤	1000	前日	5回	散布		農住ク
カスケード乳剤	2000	7日	3回	散布		BASF
コロマイト乳剤	1000	前日	2回	散布	◎	三
スピノエース顆粒水和剤	5000	前日	2回	散布	◎	産ダク
ダントツ水溶剤	2000	前日	3回	散布		武協
ダントツ粒剤	1ｇ／株	定植時	1回	散布		武

⑳センチュウ類

薬品名	倍率	使用時期	回数	使用法	備考	会社名
アオバ液剤	4000	28日	1回	土壌灌注	◎(ネコブセンチュウ)	石
キルパー	40l/10a (1穴4ml)	作付けの15 〜20日前	1回	土壌くん蒸	◎(ネコブセンチュウ)	サ北ダ
ソイリーン、ダブルストッパー	30l (1穴3ml)	作付けの10 〜15日前	1回	全面処理 作条処理	◎(ネコブセンチュウ) (ネグサレセンチュウ)	三井 ダ協
DD92、テロン92、DC油剤	15〜20l (1穴1.5〜2ml)	作付けの10 〜15日前	1回	土壌くん蒸 全面作条処理	◎(ネコブセンチュウ) (ネグサレセンチュウ)	兼・ダ 協
ディ・トラペックス油剤	20〜30l (1穴2〜3ml)	30日	1回	土壌くん蒸 全面作条処理	(全般)	バ
トラペックサイド油剤	30〜40l (1穴3〜4ml)	30日	1回	土壌くん蒸 全面作条処理	(全般)	バ
ネマトリンエース粒剤	15〜20kg	定植前	1回	全面土壌混和	◎(ネコブセンチュウ)	石
パストリア水和剤	1〜5kg／10a	定植前	1回	土壌表面に散布して 混和	(ネコブセンチュウ) 野菜類	サ
バイデートL粒剤	40〜50kg	は種または定植前	1回	全面土壌混和	(ネコブセンチュウ)	三
ラグビーMC粒剤	20〜30kg	定植前	1回	全面処理土壌混和	◎(ネコブセンチュウ)	石
クロールピクリン	①床土·堆肥 3〜5 ml ②圃場　2〜3 ml	定植10日以上前	床土1回 本畑1回	土壌くん蒸	うり科(全般)	農三
ドジョウピクリン、ドロクロール	①床土·堆肥 3〜6 ml ②圃場　2〜3 ml	定植10日以上前	床土1回 本畑1回	土壌くん蒸	うり科(全般)	農三

付録：対象害虫別天敵農薬（登録　野菜類）

▶アブラムシ類　**アリスタ**：ファイバール、アフィデント、カゲタロウ、ナミトップ、ナミトップ20　**アグロスター**：カゲタロウ　**シンジェンタ**：アブラバチＡＣ

▶アザミウマ類　**住友化学**：オリスターＡ　**アリスタ**：タイリク　**キャッツ**：メリトップ

▶アザミウマ類＋ケナガコナダニ　**アリスタ**：ククリメス　**日本化薬**：ククリメス

▶コナジラミ類　**アリスタ**：エンストリップ、エルガード　**シンジェンタ**：ツヤコバチＥＦ30　**キャッツ**：ツヤトップ

▶ハダニ類　**アリスタ**：スパイデックス、スパイカル　**シンジェンタ**：カブリダニＰＰ　**キャッツ**：チリトップ

▶ハモグリバエ類　**アリスタ**：マイネックス、マイネックス91　**シンジェンタ**：ヒメコバチＤＩ

注：①要覧登載農薬会社一覧

産＝日産化学、武＝住化武田、農＝日本農薬、住＝住友化学、バ＝バイエルクロップサイエンス、三＝三共アグロ、曹＝日本曹達、兼＝アグロカネショウ、サ＝サンケイ化学、ダ＝アグロパートナー（ダウアグロサイエンス）、BASF＝BASFアグロ、塚＝大塚化学、ク＝クミアイ化学、北＝北興化学、協＝協友アグリ、明＝明治製菓、デ＝デュポンファームソリューション、石＝石原産業、シ＝シンジェンタジャパン、ア＝アリスタライフサイエンス。以下要覧よらず、米＝米沢化学、光＝三光化学、三井＝三井化学、細＝細井化学

②「使用時期」は収穫前日数を示す。

③「回数」は本剤のみ使用の場合を示す（一部混合剤等は別の回数となる）。

④「倍率」の重量は10aあたりkgを示す。

⑤◎印は比較的頻度の高い農薬を示す。

⑥2002年の農薬取締法改定で野菜類・うり科等の区別ができたので記入した。

⑦「サンケイ化学」クロールピクリン、クロピク80は同社発行の要覧の目次には記載されているが、本文には掲載されていないので、本表には取り上げなかった。

［著 者 略 歴］

瀬古　龍雄（せこ　たつお）

昭和28年、東北大学農学部卒業後、新潟県職員、県園芸試験場を中心に32年勤務、主としてキャベツの品種・積雪下の生態・栽培の試験、メロンの育種・栽培試験に従事、「ハウスメロンの育種に関する研究」で昭和54年園芸学会功績賞受賞、昭和60年退職後は県史編さん室参与、住友化学工業株式会社技術顧問として肥料及びメロン育種に協力。平成元年技術士（農業部門）登録。平成11年5月瀬古技術士事務所設置。

メロン関係の著書として、『農業技術大系野菜編』（農文協、共著）、『作型を生かすメロンの作り方』（農文協、共著）、『ハウスメロンの栽培と経営』（誠文堂新光社、共著）、『メロンの絵本』（農文協）。

メロンの作業便利帳

—品種・作型の生かし方と高品質安定栽培のポイント—

2002年3月31日　第1刷発行
2024年6月30日　第9刷発行

著　者　**瀬古　龍雄**

発 行 所　一般社団法人　農山漁村文化協会
郵便番号　335-0022　埼玉県戸田市上戸田2-2-2
電　話　048(233)9351(営業)　048(233)9355(編集)
FAX　048(299)2812　振替　00120-3-144478
URL https://www.ruralnet.or.jp/

ISBN 978-4-540-00214-4　DTP製作／吹野編集事務所
＜検印廃止＞　印刷／(株)光陽メディア

製本／根本製本(株)
Printed in Japan　定価はカバーに表示
乱丁・落丁本はお取り替えいたします